FLOWER SCHOOL

FLOWER SCHOOL

플라워 스쿨

캘버트 크레리 지음 | 강예진 옮김

시그마북스

플라워 스쿨

발행일 2021년 10월 1일 초판 1쇄 발행
지은이 캘버트 크레리
옮긴이 강예진
발행인 강학경
발행처 시그마북스
마케팅 정제용
에디터 최윤정, 장민정, 최연정
디자인 김문배, 강경희

등록번호 제10-965호
주소 서울특별시 영등포구 양평로 22길 21 선유도코오롱디지털타워 A402호
전자우편 sigmabooks@spress.co.kr
홈페이지 http://www.sigmabooks.co.kr
전화 (02) 2062-5288~9
팩시밀리 (02) 323-4197
ISBN 979-11-91307-77-1 (13630)

Flower School by Calvert Crary
Text and photos copyright ⓒ 2020 by Calvert Crary
Illustrations ⓒ 2020 by Monica Hellström
Cover design by Katie Benezra
Cover copyright ⓒ 2020 by Hachette Book Group, Inc.
All rights reserved.
Korean translation copyright ⓒ 2021 by Sigma Books
This edition published by arrangement with Black Dog & Leventhal, an imprint of Perseus Books, LLC,
a subsidiary of Hachette Book Group, Inc., New York, New York, USA through AMO Agency.

이 책의 한국어판 저작권은 AMO 에이전시를 통해 저작권자와 독점 계약한 **시그마북스**에 있습니다.
저작권법에 의해 한국 내에서 보호를 받는 저작물이므로 무단 전재와 무단 복제를 금합니다.

파본은 구매하신 서점에서 교환해드립니다.

* **시그마북스**는 ㈜**시그마프레스**의 자매회사로 일반 단행본 전문 출판사입니다.

CONTENTS

들어가며 ……………………………… 013

1. 시작하기 ……………………………… 039
2. 색상 고르기 ……………………………… 055
3. 꽃 구매하기 ……………………………… 087
4. 꽃병 고르기 ……………………………… 119
5. 꽃 손질하기 ……………………………… 153
6. 꽃꽂이 기술: 기본 스타일 만들기 ……… 171

마무리하며 ……………………………… 216
지은이 · 옮긴이 ……………………………… 218

들어가며

플라워 스쿨의 역사

플라워 스쿨의 역사는 산업의 발전을 도모하고 재능 있는 기술자들을 길러내는 여느 직업 훈련 학교의 역사와 비슷하다. 어떤 분야에서 성공하기 위해서는 능숙한 기술과 실전 지식이 필요하다.

세계 최상급 수준의 기술을 익히려면 세계 최상급 수준의 직업 훈련 학교가 있어야 한다. 세계적인 안무가 조지 발란신은 무용수를 훈련시키기 위해 아메리칸발레학교를 설립했고, 프랑스의 세계 최상급 요리학교에서는 젊은 요리사를 가르치고 길러낸다. 이런 사례는 수도 없이 많다.

플로리스트의 작업은 흔히 고객이 도착하기 전 완성해야 하는, 이른 아침에 하는 가벼운 일로 여겨져왔다. 그러나 이런 작품을 만들기 위해 준비하는 과정 자체도 완성된 작품만큼이나 아름다울 수 있다. 살아 움직이는 예술 작품인 것이다. 꽃꽂이를 하다보면 즉석에서 의사결정을 하는 일이 생기기도 하는데, 이제 막 꽃꽂이를 시작한 초보자들에게는 이런 일이 당황스럽게 느껴질 수도 있다. 바위를 깎으며 생기는 곡선과 기울기를 살피면서 하나의 조각 작품을 만들어내듯, 나뭇가지 한 무더기와 꽃 한 묶음도 전문가의 손에서 명작으로 바뀔 수 있다. 제대로 만들어지면 진정 짜릿하다. 바위와 꽃의 차이는 하나는 찰나의 작품이고 다른 하나는 그렇지 않다는 점이다.

플라워 스쿨은 2003년 아일린 존슨이 맨해튼 미드타운에 있는 튜더 시티라는 지역에서 소규모 꽃 상점으로 시작했다. 존슨 여사는 최고의 플로리스트 명성을 구가하던 마이클 조지가 쓰던 공간을 이어받았다. 이 상점은 잘 알려진 플로리스트들을 소개하고 이들의 열정을 흠모하는 팬들을 연결해주기 위해 세워진 교실 하나짜리 작은 학교였다. 이처럼 플라워 스쿨은 수업을 개설했고, 아리엘라 쉐자, 루이스 밀러, 렘코 반 블리에 등 여러 훌륭한 플로리스트들이 가르치기 시작했다.

플라워 스쿨의 초기 슬로건은 "마스터와 함께 명작을 만듭니다"였다. 열정적인 학생들은 세계적으로 유명한 마스터 플로리스트가 꽃다발을 만드는 과정을 지켜본 후, 이들의 지도를 받으며 비슷한 꽃다발을 만들어볼 기회를 얻었다. 꽃꽂이 예술의 섬세하고 정교한 특성 때문에 이 행사는 개인적인 이유로, 혹은 교육적인 이유로 엄청난 인기

들어가며

이 책의 저자 캘버트 크레리가 최근에 문을 연 플라워 스쿨 로스앤젤레스 캠퍼스에서 수업을 하고 있다.

를 구가했다. 잘 만든 꽃꽂이는 교실의 경계를 넘어 바깥까지 영향력을 발휘할 수 있다. 살아 있는 생물이 지닌 생명력을 담아, 만드는 사람의 혼을 닮은 모습으로 꽃을 배열하는 작업은 믿기 힘들 정도로 기운이 솟아나는 일이다. 이런 생각 때문인지 지나가다 학생들이 작업 중인 꽃에 대해 설명하는 것을 들으면 자신의 마음 상태를 묘사하는 것처럼 느껴진다. "저는 이 꽃이 빛나고 돋보이도록 여기에 꽃을 거예요." "네가 여기 있었구나, 오랜 친구야." 경이롭게도 꽃꽂이는 자신을 건전하게 탐구할 기회를 주기도 한다.

취미로 들었던 수업 혹은 우연히 정원에서 꺾은 꽃 한 송이가 무한한 가능성을 열어주며 인생을 이끄는 열정이 될 수도 있다. 나는 그런 일이 일어나는 것을 본 적이 있

플라워 스쿨

플라워 스쿨 평일 야간 수업에서 한 수강생이 꽃꽂이를 매만지고 있다.

다. 아름다운 대상을 매만져 심미적으로 더 높은 수준으로 끌어올리는 과정에서 느끼는 굉장한 만족감이 있다. 이처럼 아름다운 대상으로 작업할 기회를 줄 수 있다니 매우 영광이며, 동시에 책임감을 느낀다. 이 일을 절대 가볍게 여기지 않는다는 의미다. 꽃을 너무 많이 꽂으면 오히려 아름다움이 죽어버리고, 꽃 한 송이라고 무시하면 무엇인가 빠진 듯 미완성된 느낌의 꽃꽂이가 될 수도 있다. 꽃을 다루는 일은 예술적 재능만큼이나 절제력이 필요하다.

들어가며

점점 더 많은 플로리스트가 플라워 스쿨 뉴욕 캠퍼스 작업실에서 꽃꽂이의 기초를 배우고 있다.

새롭게 시작하는 플로리스트는 더 높은 수준의 아름다움을 구현하기 위해 노력하는 과정에서 많은 궁금증이 생길 것이다. 이 꽃들은 어디서 구했을까? 꽃을 어떻게 손질했을까? 이 일을 내 직업으로 이어갈 수 있을까? 꽃꽂이할 때 필요한 기술은 무엇일까? 플라워 스쿨은 학생들에게 이런 질문을 많이 받으면서 직업 개발 훈련을 할 수 있는 종합 프로그램을 만들었다. 이 프로그램의 명칭은 '플로럴 디자인 프로그램'이다. 이 프로그램은 플라워 스쿨을 화예 직업 교육 기관으로 인정한 뉴욕주 교육부 산하

들어가며

사립학교 감독국의 허가를 받았다. 플라워 스쿨 뉴욕 캠퍼스는 현재까지 뉴욕주에서 플라워 디자인 교육 분야로 유일하게 허가된 학교다.

마이클 조지는 내가 본 사람 중에서 꽃을 활용해 예술을 창조해내는 첫 플로리스트다. 조지는 아무도 예상하지 못한 방식으로 자신의 스타일에 생명을 불어넣고 한 치의 망설임도 없이 경이로운 꽃꽂이를 눈앞에 펼쳐놓았다. 내 커리어의 초기에 함께 작업했던 훌륭한 사람들은 대부분 조지의 훈련 프로그램 출신이다. 이들은 모두 완벽을 추구하는 열정과 놀라운 손재주를 지닌 기술자였다. 그 결과 플라워 스쿨의 훈련 프로그램의 명성은 날로 높아졌고, 마침내 업계의 신입 직원들이 플라워 스쿨에서 훈련을 받기 시작했다. 업계의 전문 기업이 우리 프로그램을 신뢰하는 만큼 나를 비롯한 플라워 스쿨의 일원들은 더없는 성취감을 느낀다. 플라워 스쿨의 학생들은 플로리스트가 되는 방법뿐 아니라, 이 일을 성공으로 이끌어가는 방법도 배운다.

마스터 플로리스트의 조건

'마스터'라는 단어는 공예와 상업 분야에서 자주 사용된다. 물론 마스터 플로리스트도 있다. 그런데 마스터 플로리스트가 된다는 것은 어떤 의미일까?

플라워 스쿨은 마스터 플로리스트라는 명칭을 쉽게 붙이지 않는다. 진정한 마스터는 꽃을 꽂는 기술적인 측면은 물론이고, 꽃을 다루는 수많은 영역에 정통해야 한다. 플라워 스쿨의 마스터 플로리스트는 과거의 경험이나 고객의 희망사항, 예술, 문화, 그리고 계절감을 나타내는 재료 등을 바탕으로 감명을 주는 콘셉트를 정할 수 있다. 또 프로젝트가 훌륭한 결과를 거둘 수 있도록 사람들을 모아 훈련시키고 준비해 완벽한 팀을 꾸릴 수 있어야 한다. 마스터 플로리스트는 꽃에 대한 지식과 절화 작업에 관한 기초적인 기술을 숙지하고 자신만의 미적 감각을 지닌 꽃 디자이너다. 마스터 플로리스트라면 꽃의 생애 주기를 제대로 파악하고, 화예 분야의 역사를 잘 알고 있으며, 화

플라워 스쿨의 마스터 플로리스트 루이스 밀러가 플라워 스쿨 뉴욕 캠퍼스의 어느 수업에서 꽃꽂이를 다듬고 있다.

플라워 스쿨

플라워 스쿨 뉴욕 캠퍼스의 고급반 학생이 커다란 꽃꽂이 작품을 만들고 있다.

예 분야의 미래를 이끌어갈 수 있어야 한다. 마스터 플로리스트는 자신만의 미적 감각을 드러내는 스타일을 시각화하고 이를 설명하는 문구를 작성할 수 있다.

플라워 스쿨에서 마스터 플로리스트가 되기 위한 자격 조건은 많지 않지만 이를 실제로 갖추기는 어렵다. 우리는 회사의 목표를 정확하게 실현하고, 색과 형태, 디자인에 대한 우수한 미적 감각을 지닌 잘 훈련된 직원을 보유한 곳에서 최소한의 경력을 쌓을 것을 요구한다. 이런 과정을 거친 사람들이라면 누구나 알겠지만, 어떤 공예 분야든 통달하기까지 엄청난 의욕과 전념, 열정이 필요하며, 꽃꽂이 분야도 크게 다르지 않다.

언젠가 한 젊은 여성이 플라워 스쿨의 강사직에 관심을 보이며 문의한 적이 있었다. 우리는 늘 그랬듯 업계에 있는 열정적인 사람들을 대하던 것처럼 한데 모여 그 여성을

들어가며

만났다. 그날 대화는 영감을 얻는 법이나 작업 방식 등 다양한 주제를 폭넓게 넘나들었다. 그러다 어느 시점에서 그 여성에게 얼마나 오랫동안 일했는지 물었다. 그 여성은 "4년이요"라고 답했다. 그 여성의 주요 관심사가 결혼식이었기에 1년에 몇 번 정도 결혼식 꽃꽂이를 했는지 물었고, 그 여성은 "1년에 6~7회 정도 했습니다"라고 대답했다. 현실적으로 결혼식 24~28회 정도를 한 경험으로 마스터 플로리스트가 되기는 어렵다. 이 젊은 여성이 실력이 없다는 의미는 아니다. 사실 그 여성의 작품은 꽤나 아름다웠다. 그러나 마스터 플로리스트가 권위를 갖고 다른 사람을 교육하기 위해서는 결혼식이나 행사를 수백 번 혹은 수천 번 경험하며 온갖 유형의 고객을 만나봤어야 한다. 당신이라면 고작 24~28번 커트를 해본 미용사에게 머리를 맡기겠는가?

마스터의 다른 지표는 프리랜서가 아닌, 잘 훈련된 정규직 직원을 보유하고 있는 것이다. 이는 회사 혹은 플로리스트가 직원들이 회사의 스타일을 이해하고 능숙하고 일관되게 같은 스타일을 표현할 수 있도록 기술 훈련 프로그램을 운영하고 있음을 뜻한다. 더불어 직원들을 제대로 훈련시킬 수 있는지에 따라 한 회사나 플로리스트의 스타일이 배울 만한 가치가 있는지 판단할 수 있다. 전문적으로 스타일을 만들고 작업 방식을 개발한 후 직원들에게 전파하는 플로리스트는 자신의 공예를 완성한 이들이다. 이들이야말로 가르치기에 가장 적합한 예술가다.

훌륭한 디자이너는 많다. 그러나 위대한 그림 한 점이나 멋진 시 한 편, 혹은 최고의 케이크 한 조각에서 볼 수 있듯, 기술이 정점에 도달하면 그 자체로 가치를 지닌다. 누구나 꾸준히 의욕과 열정, 목표를 갖고 나아가면 플로리스트나 플라워 디자이너가 될 수 있다. 그러나 마스터가 되기 위해서는 어디서 구한 꽃이든 상관없이 그 꽃을 매만져 높은 수준의 아름다움을 창출할 수 있어야 한다. 언제나 원하는 꽃을 구할 수는 없을 것이다. 사실 그런 일은 절대 없다. 그러나 마스터 플로리스트는 현재 갖고 있는 꽃을 활용해 아름다운 작품을 만들 수 있다.

간단히 말하면 완성된 작품은 각각의 요소를 모두 합친 것보다 더 훌륭해야 한다. 이처럼 더 훌륭한 완성작은 꽃꽂이의 모든 구성요소를 가장 창의적인 방식으로 활용

마스터 플로리스트인 오스카 모라는 학생들이 다양한 형태와 크기, 높이(이 사진의 경우)로 꽃꽂이를 할 수 있게 돕는다.

하면 만들어낼 수 있다. 더불어 플라워 스쿨의 마스터 플로리스트가 되기 위해서는 가르치는 일과 멘토링에 전념할 자세로 친근하게 도와줄 수 있는 우수한 교육자가 되어야 한다.

요리사가 되기 위해 훌륭한 식당의 주방에서 바닥 단계부터 일을 시작하는 것처럼, 플로리스트가 되고 싶은 이들은 흔히 견습생으로 일을 시작한다. 요리사가 되려는 이들은 훌륭한 요리사를 보면서 배우고 한 단계씩 올라가 주요 위치까지 이르게 된다. 꽃의 세계도 다르지 않다. 뉴욕에 있는 메트로폴리탄 박물관의 유명한 꽃꽂이를 만들던 렘코 반 블리에는 꽃꽂이의 마무리 작업을 사람들이 지켜볼 수 있도록 관중 앞에서 해달라는 요청을 받기도 했다. 마스터의 작업 과정을 지켜보는 일은 플로리스트가 되기 위한 과정 중에서 가장 멋진 일이며, 학습 과정에서 필수적인 일이기도 하다.

자신보다 앞선 사람들의 예술적 기교와 기술을 배우는 견습생 시절은 위대한 플로리스트가 되기 위한 핵심 요소다. 이 책을 읽는 동안 견습생이 되었다고 생각해보자. 이 책을 마칠 때쯤이면 스스로 독립할 수 있을 만큼 필요한 기술을 갖추게 될 것이다.

이 책에서 배우게 될 내용

플라워 스쿨과 플라워 스쿨의 플로럴 디자인 프로그램은 지금까지 플라워 스쿨의 여러 걸출한 마스터 플로리스트가 선보여왔던 훌륭한 기술의 정점을 이룬다. 이 책에는 전문 플로리스트가 되기 위해 필요한 기술과 철학을 집약해 누구나 혼자 힘으로도 능숙한 플로리스트가 될 수 있도록 쉽게 따라할 수 있는 방법을 담았다. 마치 요리사가 훌륭한 식사를 계획하거나 가벼운 일요일 저녁식사를 요리하는 것처럼, 재료를 선택하고 준비해 자신의 디자인 목표를 달성하기 위해 다양한 기술을 활용하는 방법을 익힐 수 있을 것이다. 이어서 나오는 제작 단계는 언제든지 꽃꽂이를 성공적으로 완성할 수 있게 구성했으며, 작업 과정에서 느낄 수 있는 긴장감을 모두 털어내고 자신만의 플라워 디자인 감각을 길러낼 수 있게 해준다.

뉴욕의 플로리스트는 종종 엄청나게 힘든 일에 맞닥뜨린다. 한 시간 안에 800명이

들어가며

배우 롭 모건이 플라워 스쿨 로스앤젤레스 캠퍼스에서 가을 꽃꽂이를 완성하고 있다. "제대로 된 신사와 숙녀라면 누구나 선물을 보낼 때 훌륭한 플로리스트가 필요하죠. 꽃을 이해하는 것은 중요한 일입니다."

참석하는 파티를 준비하거나, 메트로폴리탄 박물관에 관람객이 입장하기 전에 1미터 50센티미터 높이의 꽃꽂이 5개를 설치해야 한다. 또 사람 한 명도 지나가기 어려울 정도로 꽉 막힌 도로를 뚫고 매일 150개가 넘는 꽃꽂이를 배달해야 하기도 한다. 꽃꽂이를 만드는 업체 대부분은 성공하기 위해 각자만의 전문 분야에 집중한다.

올리비에 지우니는 매주 설치하는 정기 꽃꽂이의 마스터다. 이것이 지우니가 집중하는 분야이며, 고객들도 모두 동일한 기대치를 갖고 있다. 지우니의 디자인 작품이 모두 사업을 운영하기 위해 가장 자주 하는 일에서 영향을 받은 것은 너무나도 당연한 일이다.

올리비에 지우니가 꽃꽂이하는 법

올리비에 지우니는 매주 설치하는 정기 꽃꽂이 작품을 만드는 마스터다. 이것은 지우니가 집중하는 분야이며, 고객도 동일한 기대치를 갖고 있다. 매주 정해진 시간에 굉장히 멋진 꽃꽂이가 도착하는 것이다. 독창적인 시각 예술의 대가인 지우니는 일정과 주문을 관리하는 데도 대가가 되어야 하는 것은 물론 매혹적인 꽃꽂이를 만들어내는 작가 역할도 해야 한다.

세계적으로 저명한 뉴욕의 플라워 아틀리에 '롤리비에(L'Olivier)'를 이끌며 창의력의 원천이 되어온 올리비에 지우니는, 30년 넘게 최상위 계층 개인 고객을 위해 깊이 있고 감명을 주는 꽃꽂이를 만들어왔다. 지우니는 고객의 집에 온기와 설렘을 더해준 것은 물론, 셰프 대니얼 불뤼의 식당과 칼라일 호텔을 위해서도 눈길을 사로잡는 꽃꽂이를 만들어왔다. 지우니는 여기서 자신의 작업 과정에 대해 간략하게 설명하고, 다음 장에서 어떤 재료든 주어진 것을 활용해 주변 환경을 더욱 아름답게 만드는 매혹적인 꽃꽂이를 만드는 방법을 알려줄 것이다.

꽃꽂이를 모던 스타일로 만드는 요소는 무엇인가?

정확한 색상과 형태, 크기, 비율, 그리고 강하고 대담한 표현이다.

당신의 스타일은 무엇인가?

모던 디자인의 꽃꽂이는 단순하고 건축적이며 의미를 담아야 한다. 파리에서 피에르 가르뎅의 화원을 운영할 때는 매주 쇼윈도에 꽃을 진열해야 했다. 보통 쇼윈도는 가르뎅이 소장한 귀한 골동품 꽃병으로 가득 채워졌다. 쿠튀르 시즌에는 가르뎅이 수작업으로 만든 정교한 드레스가 쇼윈도에 진열되기도 했다. 이때 쇼윈도에 어떤 상품이 진열되든 꽃과 서로 충돌하지 않고 잘 어우러지는 것이 매우 중요했다. 그래서 내가 표현하는 모던 디자인은 요란하지 않으면서 공간이나 장소와 조화를 이루는 것이다.

들어가며

무엇이 당신만의 고유한 스타일을 만드는가?

    화원에서 일하다보면 여러 훌륭한 상품과 협업할 기회가 있다. 우리 화원에서는 잎이 매우 커다란 열대 식물을 많이 판매했다. 그래서 잎이나 다른 재료는 꽃 시장에서 구매하지 않고 갖고 있는 야자수의 잎을 잘라 사용했다. 덕분에 상당히 독특한 스타일이 만들어졌다.

플라워 스쿨

집에서 꽃꽂이를 하는 사람들처럼 지우니도 꽃꽂이를 만들기 위해 플라워 스쿨의 작업실에 필요한 재료를 모두 준비한다. 여기에는 미리 손질하고(155쪽 참조) 꽃이 필 때까지 며칠 보관해둔 흰색 아마릴리스가 놓여 있고, 포인트가 되어줄 초록색 잎과 풀이 오른편에 있다. 꽃꽂이 재료를 가운데 있는 직육면체 꽃병에 꽂을 수 있게 준비가 끝난 상태다.

지우니는 꽃꽂이를 만들 준비를 하면서 먼저 시든 꽃이나 완벽하지 않은 꽃을 골라내는 데 시간을 쏟는다. 꽃을 아름답게 만들어주는 처치 시간이다.

들어가며

지우니가 이야기했던 것처럼 모던 디자인을 만들 때는 크기와 비율이 매우 중요하다. 지우니는 아마릴리스를 고르게 배치한 후 제자리에 고정시키기 위해 방수 테이프로 격자무늬를 만들었다. 꽃꽂이가 완성되고 나면 방수 테이프는 보이지 않는다. 그러나 꽃꽂이를 정돈된 형태로 고정시키기 위해 필수적인 작업이다.

그다음에는 꽃을 꽂고 녹색 재료를 더해준다. 여기서 지우니는 커다란 잎으로 꽃병의 윗부분을 둘러싸며 유명한 '잎으로 감싸기 기술'을 선보인다. 이것은 어떻게 이미 아름다운 꽃꽂이에 자신만의 손길을 더해 독보적인 작품으로 만들 수 있는지 보여주는 한 가지 예시일 뿐이다.

지우니는 아마릴리스와 초록을 더해줄 기다란 풀잎을 좀 더 꽂은 후 한 발 뒤로 물러서서 꽃꽂이를 바라보며 변화를 줄 부분이 있는지 살핀다. 아마릴리스가 분리되지 않도록 끝부분을 테이프로 묶어둔 것을 눈여겨보자. 이런 점은 모든 학생들에게 계속해서 작업 상태를 점검해야 한다는 사실을 되새겨준다. 한 발 뒤로 물러서서 작업하던 꽃꽂이를 살펴보자. 가장 성공한 플로리스트는 작업하면서 수정하는 법을 배운 이들이다.

들어가며

이제 꽃꽂이 구성 요소를 모두 점검해볼 차례다. 균형이 잘 잡혀 있고 비율이 보기 좋은가? 높낮이와 색감, 질감 요소가 다양한가? 여러 색상이 함께 잘 어울리는가?

세심하게 고민하고 계획하고 나면 꽃꽂이가 완성된다. 꽃병에 격자무늬로 붙여놓은 방수 테이프가 겉으로는 보이지 않지만 꽃과 풀잎, 잎사귀를 제자리에 고정하는 데 도움이 된다는 사실을 기억하자. 이 꽃꽂이는 믿기 힘들 정도로 단순하지만 마스터의 손길이 필요하다. 이 기술은 백합이나 델피니움처럼 줄기가 긴 커다란 꽃에 모두 적용할 수 있다(166쪽과 168쪽 사진 참조). 누구나 연습하면 비율과 색, 형태, 크기를 이용해 더 수준 높은 꽃꽂이를 만들 수 있다.

플라워 스쿨

이제 막 시작하는 플로리스트를 위한 뉴욕 플로리스트 빅토리아 안의 조언

빅토리아 안은 뉴욕에서 가장 명망 있는 고객이나 명성 높은 장소에서 열리는 파티와 결혼식을 위해 정교한 꽃꽂이를 만든다. 발레와 현대무용 분야에서 전문적으로 훈련받았던 안은 이제 뉴욕에 있는 '디자인 바이 안(Designs by Ahn)'의 오너다. 안은 꽃꽂이에 안무가처럼 접근하면서 각 색감과 질감이 어떻게 배치되고 조화롭게 구성되는지 면밀하게 살핀다. 결혼식 디자인 트렌드 분야와 정교한 테이블 장식을 만드는 비법에 대해서는 안을 능가할 이가 없을 것이다.

훌륭한 플로리스트의 조건은 무엇인가?

스타일에 대한 안목이 있어야 한다. 이것은 사실 가르칠 수 없다. 스스로 자신의 내면에서 발견해야만 한다. 또한 꽃은 그 자체만으로도 아름답다. 이런 꽃을 더욱 더 아름답게 만들려면 여러 다양한 질감을 활용해야 한다.

플라워 스쿨의 마스터 플로리스트인 빅토리아 안은 디자인 바이 안의 오너 일을 하면서 동시에 플라워 스쿨 뉴욕 캠퍼스에서 강의한다. 여기서는 예시로 색을 영리하게 사용한 안의 작품 한 가지를 볼 것이다.

들어가며

플라워 스쿨

들어가며

꽃꽂이를 어떻게 시작하게 되었나?

편견 없이 열린 마음으로 시작했다. 나는 보통 계획을 하지 않는다. 사실 수많은 행사나 촬영에도 계획을 하고 가지는 않는다. 언제나 새로운 아이디어를 떠올리려고 노력하고 새로운 모습을 만들어내기 위해 가장 독특한 방법을 찾으려고 한다. 매일 시장에 가서 영감을 받고 새로운 색이나 새로운 꽃을 발견한다.

색에 대한 영감은 어디서 받는가?

나는 언제나 색을 활용해 만드는 것을 좋아한다. 미술관은 확실히 영감을 얻기 좋은 장소다. 사람들이 입는 옷을 살펴보기도 한다. 예를 들어, 신부 고객을 만날 때면 고객들은 자신이 좋아하는 색이 어떤 것인지 알지 못하는 경우가 많지만, 그들이 입고 있는 옷을 살펴보면서 어떤 색을 좋아하는지 파악한다.

시작하는 플로리스트에게 전할 조언은 무엇인가?

단순하게 만들어라. 꽃꽂이를 처음 만든다면 한 가지 색만 사용해보자.

플라워 스쿨

플라워 스쿨의 마스터 플로리스트 렘코 반 블리에의 수려한 클래식 스타일과 현대적 설치 디자인에서 영감을 받아 여왕을 위해 아름답게 디자인한 꽃다발을 만든 플라워 스쿨의 마스터 플로리스트이자 '틴 캔 스튜디오(Tin Can Studios)'를 운영하는 잉그리드 카로치의 작품은 당연히 이 책에 담아야 할 것이다.

우리의 목표는 독자들이 마스터 플로리스트의 도움을 받아 어떤 상황에서든 아름다운 꽃꽂이, 혹은 '살아 숨 쉬는 장식품'을 만들 수 있도록 기본 기술을 길러주는 것이다. 이 책에서는 쉽게 따라할 수 있게 기초 디자인을 만드는 법을 알려줄 것이다. 이 디자인들은 운반하기 쉽고, 물을 교체할 수 있으며, 균형이 잡혀 있어 꽃이 물을 다 흡수하고 난 후에도 쓰러지지 않는다. 꽃꽂이에 필요한 도구를 사용하는 법과 기술을 익혀 견고한 발판을 마련하고 난 후에는, 뒷부분에서 간단하면서도 유용한 요령 몇 가지를 활용해 색상을 입혀볼 것이다.

이 책에서 소개한 구성과 작업 순서는 플라워 스쿨의 마스터 플로리스트가 사용하는 방식이다. 이 책의 방식이 전부 다 인스타그램이나 소셜 미디어에 적합하지는 않겠지만, 모두가 참고할 수 있도록 자연에서 얻은 꽃부터 칼라일 호텔의 식당 공간에 놓인 꽃에 이르기까지 꽃꽂이 디자인을 실제로 하나하나 해체해 실었다. 이 책에 담긴 지침이 작업 과정에 토대를 마련해주고 실수하기 쉬운 부분을 바로잡아 줄 것이다.

이 책을 통해 꽃을 손상시키거나 혹사시키지 않고 수명을 최대로 이끌어낼 수 있게 꽃을 올바르게 다루는 법을 배울 것이다. 또한 올바른 꽃병을 선택하는 법을 배울 것이다. 가끔 꽃병이 꽃의 크기에 맞지 않아 꽃의 아름다움이 제대로 표현되지 않는 경우가 있다. 이때 꽃꽂이가 잘 되었는지 고민을 하게 된다. 작업 과정에 익숙해지고 인내심을 갖고 디자인하는 법을 배우기까지에는 시간이 꽤 걸린다. 이 책을 통해 꽃의 수명을 가능한 최대로 늘리는 법을 배울 것이다. 제대로 손질한 꽃은 일찍 시들지 않으며, 위엄 있는 모습으로 마지막을 장식할 것이다. 영원한 것은 아무것도 없다. 가장 중요한 것은 꽃꽂이 과정을 빠르고 효율적으로 관리하는 법을 배워 실습 단계를 끝내고 예술적이고 심미적인 즐거움에 집중해 아름답게 작업할 수 있게 된다는 사실이다.

사진에서 마스터 플로리스트 아리엘라 쉐자의 방식을 엿볼 수 있다.

1.
시작하기

시작하기

꽃을 다루는 일은 초보자가 느끼는 것만큼 어렵지 않다. 꽃꽂이는 요리와 비슷하게 기술적인 일이다. 스스로 만족할 만한 꽃꽂이를 완성하기 위해서는 몇 가지 기본적인 작업 절차에 익숙해져야 한다. 기본을 익히고 난 후에는 각자의 선택에 따라 기술적인 작업을 한층 올려주기만 하면 된다. 이런 예술적 결정을 통해 자신만의 취향과 미적 감각이 빛을 발하게 되는 것이다. 대부분의 경우, 예술적 결정은 꽃꽂이를 만들기 시작하는 초기 단계와 마지막 단계에 필요하다. 예술적 선택이 필요한 단계 외에는 기술적인 작업만 이루어진다.

수확이 한창인 시기에 농산물 직판장에 가서 잔칫상 재료를 구매하는 것에 비교하면 이해하기 쉬울 것이다. 눈앞에 수도 없이 많은 상품이 펼쳐져 있다. 어떤 상품을 고를 것인가? 경험이 많은 요리사라면 꼭 필요한 재료 목록부터 시작하되, 그날따라 특히 맛있어 보이거나 제철인 상품도 구매할 여지를 남겨둘 것이다. 플로리스트에게도 같은 원칙이 적용된다. 대부분의 플로리스트는 꽃을 사러 갈 때, 머릿속에 대략적인 계획을 세우고 구매할 꽃을 구체적으로 정한다. 그러나 꽃을 둘러보는 중에 시선을 끄는 아름다운 꽃을 발견할 가능성을 늘 염두에 두어야 한다. 시장에서 꽃을 고르고 나면 기술적인 작업이 시작된다. 요리사가 구매한 재료를 모두 가져가 씻고 적절한 크기로 자르는 것처럼 플로리스트는 꽃을 손질하고 꽃병을 준비해야 한다. 두 분야 모두 재료를 고르는 맨 첫 단계와 신선한 타임이나 완벽한 바질을 얹어 마무리하는 마지막 단계에서 예술성이 드러난다.

두 경우 모두 가장 중요한 첫 단계는 구매 목록을 만드는 것이다. 목록을 만들어놓으면 작업 계획에서 모호한 부분을 걷어내고 꽃꽂이를 성공적으로 완성하는 데 도움이 된다. 목록을 만들 때는 훌륭한 꽃꽂이를 만드는 데 방해가 되는 요소를 피해야 한다. 많은 이들에게 방해가 되는 첫 번째 요소이자 개인적으로도 나 또한 그렇게 생각하는 것은 '완벽한 꽃'이어야 한다는 생각이다. 숙련된 플로리스트는 어떤 꽃으로도 꽃꽂이를 만들 수 있어야 하며, 가질 수 없는 꽃 말고 갖고 있는 꽃으로 훌륭한 작품을 만드는 연습을 해야 한다.

뉴욕에 있는 꽃 도매상인 더치 플라워 라인. 누구든지 전 세계에서 가장 아름다운 종류의 꽃을 구매할 수 있다.

플라워 스쿨

앞에서 이야기한 것처럼 맨 처음 시작할 때는 꽃을 구매하고 준비하는 과정 외에도 도구를 제대로 사용하는 법과 올바르게 물을 올릴 수 있게 꽃을 손질하는 법을 알아야 한다. 또 어떤 스타일로 만들 것인지 대략적인 콘셉트를 정해야 하고, 완성된 작품을 어디에 둘 것인지도 계획해야 한다. 좀 더 구체적인 사항으로는 작업할 공간을 마련하고 쓰레기통을 가까이에 준비한다. 간단히 말하면 작업하기 전에 어떤 준비가 필요한지 명확히 파악해야 한다.

훌륭한 플로리스트라면 누구나 자신의 꽃꽂이를 특별하게 만들어줄 간단한 작업 방식이 있다. 예를 들어, 영감을 먼저 얻고 작업을 시작하는 사람들도 있고, 구할 수 있는 재료로 먼저 작업하는 사람들도 있다.

"훌륭한 플로리스트는 팔을 걷어붙일 준비가 되어 있는, 진정으로 부지런한 사람이다."
- 잉그리드 카로치

"개인적인 의견이지만 무수히 많은 꽃 중에서 돋보이려면 색을 대담하게 사용해야 한다."
- 키아나 언더우드

"재료를 구하는 일은 설렘을 안겨주고, 완벽한 꽃꽂이를 만드는 일은 창의적인 즐거움을 주는 것이 사실이다. 그러나 나는 주로 완성된 꽃을 전해줄 때 기쁨을 느낀다."
- 브루스 리틀필드

꽃꽂이를 시작하기 전에 꽃을 미리 손질하고 준비해두는 일은 매우 중요하다.

시작하기

아름다운 꽃꽂이를 위한 기본 작업 순서

1단계: 목적을 정의하고 스타일을 정한다
먼저 꽃꽂이를 하는 이유가 있어야 한다. 예를 들면, 저녁식사 파티에 둘 꽃이 필요하거나 그동안 아팠던 친구를 위한 선물로 준비할 수도 있다. 혹은 우리 집 정원이나 이웃의 정원에 완벽한 결실을 맺은 꽃이 자신들의 잠재력을 최대한 뽐낼 수 있는 작품을 만들어 달라고 간절하게 애원하고 있을지도 모른다. 시간을 내어 목적을 정의해두면, 꽃꽂이를 만드는 동안 목적을 명확하게 떠올릴 수 있어 도움이 될 것이다. 이를테면 꽃꽂이가 일주일 정도 버텨야 하는지 아니면 4시간짜리 행사를 위한 것인지 명확히 한다. 목적을 정하고 나면 자신의 미적 감각에 맞는 색상과 스타일을 정한다. 꽃의 색상과 꽃꽂이의 스타일을 고르는 방법에 대해서는 3장에서 좀 더 자세히 살펴보자.

2단계: 재료를 준비한다
목적을 정의하고 스타일과 색상 계획을 정했다면, 다음 단계는 꽃 시장이나 식료품점, 혹은 그 밖의 장소에서 필요한 재료를 구하는 일이다. 이 단계에서는 꽃뿐만 아니라 필요한 도구가 모두 준비되어 있는지 점검하고, 꽃병의 종류가 매우 다양하므로 꽃꽂이에 잘 맞는 꽃병이 있는지 확인해야 한다. 이 과정에서 많은 플로리스트들이 힘겨워한다. 장미만 해도 100여 종이 넘으며 교잡 품종까지 하면 수천 가지가 넘기 때문이다. 꽃 하나만 살펴봐도 이 정도다. 그러나 가정에서 작업하는 플로리스트라면 선택의 폭은 더욱 제한적이니 감당할 수 있을 것이다. 재료 준비에 관해서는 4장에서 좀 더 자세히 이야기할 것이다.

꽃꽂이의 첫 번째 단계는 시간을 내어 꽃꽂이를 만드는 이유를 생각해보는 것이다. 저녁식사 파티를 위한 센터피스가 필요한가? 아니면 친구에게 줄 꽃다발을 만들 것인가? 목적을 정하고 그에 따라 작업한다.

045

플라워 스쿨

3단계: 꽃에 물을 올린다

재료를 모두 준비하고 나면 꽃을 손질하는 일, 즉 꽃을 꽂을 준비가 되도록 물을 올리는 과정이 필요하다. 물올림 시간은 선택한 꽃에 따라 다르다. 이 단계에 대해서는 155쪽에서 더욱 자세히 살펴볼 것이다.

4단계: 필요하다면 꽃병을 바꾼다

선택한 꽃병이 알맞은지 확인할 마지막 기회다. 이 기회에 꽃병과 재료를 살펴보고 완벽하게 잘 어울리는지 확인한다. 4장에서 꽃병 선택에 관해 좀 더 자세히 살펴볼 것이다. 꽃꽂이를 시작하기 전에 이 장을 참고하기 바란다.

5단계: 꽃꽂이를 시작한다

드디어 자신만의 기술을 펼쳐 꽃꽂이를 만들 시간이다. 매번 완벽하게 모든 단계를 준비하는 것은 절대 쉽지 않은 일이다. 각 단계를 지날 때마다 수많은 장애물이 존재하기도 한다. 눈에 띄는 한 가지 예를 들어보면, 눈부시게 아름다운 꽃을 자주 마주치게 된다는 점이다. 이 작약이 바로 좋은 예다. 그러나 나는 수년간의 경험을 통해 누구나 완벽한 꽃꽂이를 만들 수 있도록 몇 가지 유용한 꽃 구매 비법을 터득했다.

여기에는 아직 피지 않은 꽃송이가 한 가득 보인다. 올바른 시기의 꽃을 구매하려면 먼저 그 꽃을 어떻게 활용할지 계획해야 한다. 선물할 생각인가, 아니면 행사에 활용할 예정인가? 선물할 꽃을 구매한다면 시간이 지나면서 꽃이 피어날 수 있게 거의 피지 않은 꽃을 구매하는 것이 좋다. 행사를 위한 꽃꽂이를 디자인하고 있다면 꽃은 이미 피어 있어야 한다. 꽃을 구매하고 집으로 가져온 후에는 꽃에 물을 올려 꽃꽂이에 쓸 수 있도록 손질해두는 것이 매우 중요하다. 자세한 내용은 5장을 참조하자.

도구 사용법

어떤 꽃이든 꽃을 자를 때는 한 번에 6밀리미터 이하로 천천히 자르는 것이 매우 중요하다. 꽃을 자르기 전에 선택한 꽃병에 꽃을 꽂아 어느 정도 잘라야 할지 살펴본다. 꽃을 자르고 난 후 꽃을 다시 꽂아 길이가 적절한지 확인한다. 꽃의 높이가 완벽해질 때까지 계속해서 이 과정을 반복한다. 천천히 작업하고 인내심을 갖는 것이 좋다. 언제든 꽃줄기를 잘라내는 건 가능하지만 너무 짧게 자르고 나면 줄기를 다시 길게 늘릴 수가 없다. 자르기 전에 반드시 확인하자!

꽃 칼

모든 종류의 꽃줄기를 칼로 자를 필요는 없지만 어떤 꽃을 칼로 자르는 것이 좋을지 판단하기 어렵다면 그냥 모든 꽃에 칼을 사용하자. 칼로 자르면 좋은 꽃은 더 행복하게 피어날 것이고, 칼로 자르는 것이 그다지 도움이 되지 않는 꽃도 크게 상하지 않을 것이다. 처음에는 한 번에 줄기 하나를 자른다. 익숙해지고 나면 줄기 10개를, 그다음에는 20개를 자른다. 얼마나 빨리 자르고 물에 넣을 수 있는지 알게 될 것이다.

긴 가위

긴 가위는 꽃꽂이의 전체 디자인을 해치지 않고도 틈 사이를 비집고 들어가 아래쪽에 상태가 좋지 않은 잎이나 꽃을 잘라 내기에 완벽하다.

다목적 가위

플로리스트의 가위라면 모두 하나의 기능을 수행할 수 있어야 한다. 바로 줄기를 자르는 일이다. 그러나 여러 해 동안 도구를 사용해본 대부분의 플로리스트들은 가위마다 주어진 기능이 있다는 사실을 안다. 이 작은 전지가위는 예리하고 잡기 쉬워서 플라워 스쿨 직원들이 가장 좋아하는 도구다.

와이어 커터

이름에서 알 수 있듯 와이어 커터는 철사를 자르는 데 필수다. 와이어 커터가 있으면 비싼 전지가위로 단단한 철사나 치킨 망을 자르지 않아도 되니 좋다.

청결한 관리

도구를 사용하기 전과 후에 깨끗이 세척해, 썩어가는 식물성 물질이나 박테리아를 작업실에 퍼뜨리는 지저분한 사람이 되지 말자. 모든 도구를 비누와 따뜻한 물로 씻어내면 된다.

스테이플러

스테이플러가 얼마나 자주 필요한지 알게 되면 놀랄 것이다. 특히 꽃이 똑바로 서 있도록 원뿔 형태로 종이를 두를 때 유용하다(163쪽 참조).

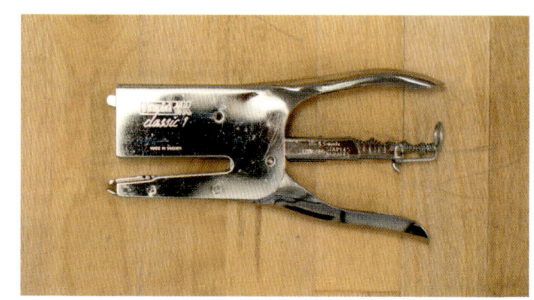

대형 전지가위

이 가위는 가지치기에 쓰는 손가위 중에서 가장 큰 것으로 나뭇가지나 잔가지 등 단단한 재료를 자를 때 사용한다. 정원에서 골라 온 꽃을 꽃꽂이에 사용한다면 이 도구가 유용할 것이다.

이 도구들은 날카롭기 때문에 손가락을 베지 않도록 주의해야 한다.
- 올리비에 지우니

그 밖의 재료

치킨 망

가느다랗고 유연한 철망은 줄기를 제자리에 고정할 때 매우 편리하다. 철망이 물속에서 녹슬어 물을 오염시키지 않도록 코팅이 되어 있는지 확인하자.

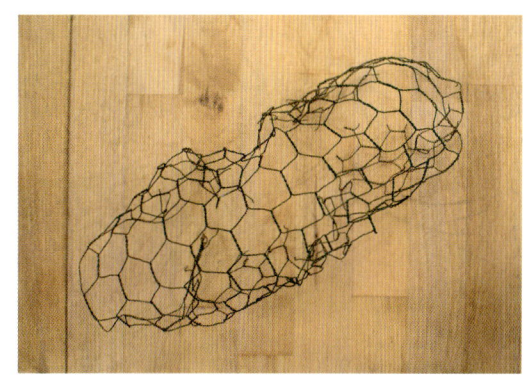

방수 테이프

격자무늬를 만들거나 재료를 아래쪽으로 고정할 때 가장 유용한 도구다. 꽃병에 물을 붓기 전에 재료를 단단히 붙여놓는 것이 중요하다. 그렇지 않으면 테이프가 떨어질 것이다. 플라워 스쿨 직원들은 대부분의 프로젝트에 오아시스 브랜드의 방수 테이프를 사용한다.

노끈이나 마끈

꽃을 묶을 때 노끈이나 마끈이 필요할 것이다. 늘 준비해두면 좋다.

플라워 스쿨

사선으로 자르기

꽃을 사선으로 잘라야 하는 이유가 여러 가지 있다. 첫째, 사선으로 자르면 줄기의 모세관이 물에 닿는 면적이 넓어져 꽃이 좀 더 효율적으로 물을 빨아들일 수 있다. 둘째, 꽃을 꽃병이나 양동이에 넣어둘 때 사선으로 자르면 꽃의 끝 부분이 바닥에 닿아도 막히지 않는다. 마지막으로 꽃꽂이를 만들면서 꽃이 가득한 꽃병에 꽃을 꽂을 때 사선으로 자른 줄기가 훨씬 꽂기 쉽다.

꽃을 손질할 때 반드시 사선으로 잘라야 한다. 여기서는(위와 오른쪽 사진) 전지가위로 장미 줄기를 사선으로 자르며 손질하고 있다. 뒤에서 꽃 칼을 사용해 같은 작업을 하는 방법을 보여줄 것이다.

2. 색상 고르기

플라워 스쿨

색상환은 꽃꽂이에 어떤 색상을 쓸지 고민할 때 필수적인 도구다. 색상환에는 열두 색상이 있고, 1차 색(빨강, 파랑, 노랑)과 2차 색(초록, 보라, 주황), 3차 색(청록, 남보라, 붉은보라, 다홍, 귤색, 연두), 이렇게 세 그룹으로 나뉜다.

색상 고르기

꽃은 무한한 색을 띠는 독특한 능력이 있다. 때로는 꽃의 색상 변화가 극도로 미묘해서 맨눈으로 잘 보이지 않기도 하지만, 꽃의 색상은 생명력과 깊은 관련이 있다. 꽃이 지닌 색은 손안에 쥔 자연이자 생명 그 자체다. 당신이 나와 같은 부류라면 꽃 시장이나 꽃 도매상점, 식료품점, 혹은 이웃집 마당에 들어섰을 때 주변에 펼쳐진 자연의 색에 푹 빠져 머릿속에 있던 생각의 흐름을 놓치고 말 것이다. 시선은 자연스럽게 가장 아름다운 꽃에 꽂힌다. 결국 아름다운 꽃을 만난 사람들은 원래 사려고 생각했던 꽃, 예산, 함께 꽃을 사러 온 친구까지도 완전히 잊어버린다.

색상은 우리가 꽃에서 가장 사랑하는 부분이지만 또 호불호가 극명하게 나타나는 부분이기도 하다. 특별한 이유 없이 노랑을 싫어하는 사람들도 있다. 이런 사람들은 노란색이 보이는 것을 싫어한다. 그러나 노랑을 싫어하는 사람 중에 연한 크림색이나 머스터드색은 좋아하는 사람도 있다. 모든 이들의 호감을 사는 색상 팔레트를 구성하기는 어렵다. 대부분의 플로리스트는 특정 색조나 유사한 색상을 선택해 조심스럽게 시작한다. 나는 먼저 한 가지 색상으로 시작하기를 추천한다.

행사를 위해 색상 스타일이나 주제를 결정할 때는 신중한 자세로 현명하게 선택해야 한다. 대개는 색상을 고르는 일이 디자이너에게 가장 중요한 의사 결정이 된다. 색상은 다른 디자인 요소를 능가한다. 색상 하나를 잘못 선택하면 눈에 거슬리고 오랜 고민 끝에 디자인하고 작업했던 시간이 헛수고가 될 수 있다. 색상을 잘못 선택해 고생하는 일이 없기를 바란다.

알아두어야 할 중요한 용어

시작하기에 앞서 색상을 선택하는 방법에 도움이 될 용어부터 간단히 살펴보자. 궁극적으로는 플로리스트든 가정에서 꽃꽂이를 하는 사람이든 작업할 꽃의 색상을 결정할 때 직관이나 개인의 선호도를 따라야 한다. 그러나 다음에 나오는 용어와 개념을 살펴보면 작업하려는 꽃꽂이에 어떤 색상이 적절한지 결정하는 데 도움이 될 것이다.

색상 범위

같은 색상 범위에 있는 꽃을 '유사 색상'이라고 부르며, 이들의 색상은 정확히, 혹은 거의 동일하다. 같은 색상 범위에 있는 꽃을 특징으로 하는 디자인은 기본 색상 한 가지로 구성한다. 색상으로 덩어리를 구성하는 모던 디자인에서 유용하다.

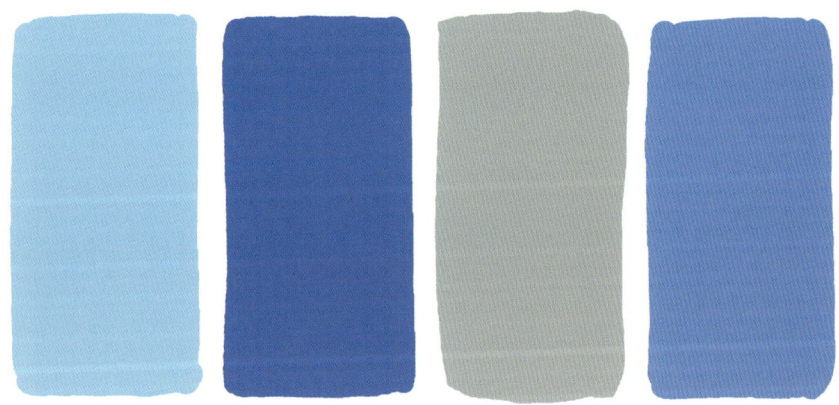

색상 고르기

색상

색상은 한 가지 색상의 특정 그러데이션이나 색 농도다. 전형적인 색상환에는 열두 색상이 있으며, 여기서 스펙트럼에 있는 다른 모든 색상이 파생된다. 이론적으로는 색상환에 있는 열두 색상 중에 1차 색 세 가지(빨강, 파랑, 노랑)를 혼합해 다른 모든 색상을 만들 수 있다. 1차 색 두 가지를 섞으면 2차 색을 만들 수 있다. 2차 색 세 가지는 초록(파랑과 노랑의 혼합), 보라(파랑과 빨강의 혼합), 주황(빨강과 노랑의 혼합)이다. 1차 색 하나와 2차 색 하나를 섞으면 매우 세련된 혼합 색을 만들 수 있다. 이를 3차 색이라고 부르며 청록, 남보라, 붉은보라, 다홍, 귤색, 연두가 있다.

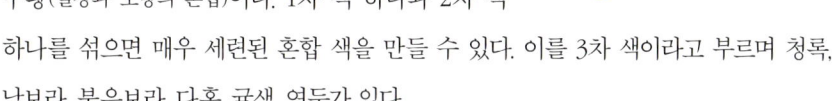

셰이드와 틴트

셰이드와 틴트*는 색상환의 열두 색상 중 하나를 검정이나 흰색과 혼합해서 만든 색상 종류다. 셰이드와 틴트가 1차 색이나 다른 색상과 다른 이유는 기본 색상 하나에 검정이나 흰색을 섞은 색상이기 때문이다.

* 셰이드(Shade)는 순색에 검정색을 섞은 색이며, 틴트(Tint)는 순색에 흰색을 섞은 색이다. - 옮긴이

색상 고르기

보색

보색은 색상환에서 서로 반대편에 나타난다. 보색으로 구성된 꽃꽂이는 요란해 보이기 쉬우며, 선택한 색상 조합이 적절하지 않을 때는 역효과를 내기도 한다. 축하 풍선이나 스포츠팀을 응원할 때 보색을 많이 사용하는 것을 볼 수 있다. 보색은 가정이든 행사장이든 완성된 꽃꽂이가 놓일 공간에 보이는 다른 색상과 조화를 이루게 하는 것이 가장 좋다.

색상 고르기

완벽한 색상을 선택하는 방법

경험에 따르면, 이제 막 시작하는 사람들은 대부분 꽃 시장에 가서 단순히 자신이 좋아하는 색상의 꽃을 고른다. 이런 행동은 수년간 쌓아놓은 경험이 없는 초보들이 하는 실수다. 대체로 꽃꽂이를 처음으로 해보는 사람들은 자신이 좋아하는 색상의 꽃을 구매했으니 꽃들이 어떤 방법으로든 마법처럼 서로 잘 어울릴 것이라고 생각하는 실수를 한다. 전혀 사실이 아니다. 어떤 것이든 훌륭한 디자인을 만들기 위해서는 색상 팔레트가 필요하다. 다음 장에서 파티에 어떤 색상을 사용할지 혹은 집에 놓을 꽃에 어떤 색상을 사용할지 결정해야 하는 초보자를 위한 기본 가이드다.

1단계: 계절 팔레트에서 시작하기

꽃꽂이를 놓을 공간의 색과 잘 어울리는 색상 1~2개를 고른다. 이때 너무 구체적일 필요는 없다. 창밖으로 보이는 계절감을 한층 북돋워주거나 벽에 걸린 그림과 잘 어울리는 색을 고를 수도 있다. 전통적으로 각 계절마다 어울리는 색조가 있는데, 계절별로 어떻게 디자인하면 좋을지 고민할 때 여기서 시작하면 좋다. 다음의 계절에 따른 기본 색상 팔레트 목록을 참조하자.

- 여름: 노랑, 초록, 갈색, 밝은 파랑 계열. 여름 꽃은 길가나 늦여름 들판에서 쉽게 딸 수 있는 들꽃이 많다. 여름 꽃은 석재로 된 꽃병이나 편안한 느낌의 꽃병에 꽂으면 자연스러운 느낌을 주면서 가장 잘 어울린다. 여름 꽃꽂이는 무심하게 꽂은 것처럼 보여야 한다. 그래야 여름 느낌이 나기 때문이다.

색상 고르기

- 봄: 파스텔 색상. 봄꽃은 보통 풍부한 색보다는 부드러운 색감과 파스텔 계열에 가깝다. 봄에는 갈색을 찾기는 어렵지만, 라벤더색은 찾을 수 있다. 빨간색은 보이지 않지만 대신 분홍색을 볼 수 있다. 이들은 서로 잘 어울리며, 봄마다 찾아오는 환희와 조화롭게 어우러진다. 위는 늦봄에 적절한 색상 팔레트 예시이며, 파스텔 색상의 비중이 훨씬 높은 초봄의 색상 팔레트와는 차이가 있다.

• 가을: 풍부한 갈색과 빨강에 크림색의 조화. 미국 북동부 지역의 가을은 전통적으로 추수의 계절이며, 더운 여름에서 시원한 바람이 부는 가을로 바뀌는 날씨에 단풍놀이하러 가는 사람이 많아진다. 여름철의 초록 잎사귀가 가을의 풍부한 색상으로 바뀌며 자연이 휴식기에 접어드는 계절이 다가왔다는 것을 알린다.

색상 고르기

- 겨울: 반짝거리는 빨강, 짙은 빨강, 선명한 흰색. 추운 날씨와 함께 축복과 휴식의 늦은 밤이 찾아온다. 어두운 빨강이나 겨울의 흰색을 메탈 색상과 조합하면 겨울 분위기를 완벽하게 만들어낼 수 있다.

2단계: 색상으로 스타일 고르기

파티를 위한 색상 팔레트를 고르고 있다면 풍성하면서도 낭만적으로 보이는 색상 팔레트가 있다.

우아한 색상

우아한 색상 팔레트는 다양한 파스텔 톤의 색상으로 구성되며, 주로 크림색, 라벤더색, 분홍색, 흰색 계열 등 밝은 색의 조합이 많다. 우아한 색상 팔레트의 색은 전부 색상표에서 밝은 쪽에 나타나며, 가볍고 낭만적이며 꿈같은 분위기를 자아낸다. 버건디나 보라색 같은 강렬한 색이나 보석 빛깔은 피한다.

색상 고르기

풍부한 보석 빛깔

풍부한 색상 팔레트는 가을 파티나 대담한 색상을 선보여야 할 때 적합하다. 이 팔레트의 매혹적인 색상은 특히 꽃으로 표현될 때 보는 사람을 압도할 수 있다. 풍부한 색상 팔레트는 색상표의 어두운 쪽에 나타나며, 금색이나 다른 메탈 색상과 조합하면 매우 훌륭해진다.

색상 고르기

숲속

숲의 빛깔 팔레트에는 흙색조 계열*의 밝고 어두운 색이 조합되어 있다. 자작나무 껍질이나 이끼, 그 외 자연의 재료를 살짝 덧붙여도 좋다. 숲의 기운을 풍기는 이 팔레트는 보는 사람에게 숲속을 걷는 기억을 떠올리게 할 것이다. 꽃꽂이의 색상이나 질감, 심지어는 향기까지 활용해 이끼가 풍성한 숲길을 오랜 시간 산책하는 듯한 느낌을 재현한다.

* earth tones: 자연 재료에서 볼 수 있는 저채도의 중성색. - 옮긴이

색상 고르기

정원 디자인

자신이 생각하는 정원의 모습에 따라 정원 디자인 팔레트를 각자의 개성에 맞게 구성할 수 있다. 그러나 한 가지 공통되는 요소는 초록 색조를 많이 사용하는 것이다. 지나치게 많은 색조를 사용하지 않도록 주의하자. 그렇지 않으면 정원 디자인 팔레트가 부자연스러워질 것이다.

색상 고르기

3단계: 보조 색 고르기

주요 색상 팔레트나 '색상 스토리'를 정하고 나면 그 스토리에 걸맞은 보조 색을 찾기가 쉬워진다. 색상환을 활용해 선택한 색의 톤과 가장 잘 어울리는 색상을 찾는다.

- 모던 디자인의 미를 표현하려면 같은 색 계열 안에서 꽃과 재료를 모두 찾는다.

색상 고르기

- 빨간 색을 보조 색으로 활용하면 전반적인 대비가 순화되면서 좀 더 세련된 느낌을 준다. 색상환의 노랑과 빨강 사이에 있는 색으로 꽃꽂이를 채워 넣으면 된다.

플라워 스쿨

- 정원 느낌을 표현하려면 여섯 가지 색상과 다양한 잎 재료를 사용한다. 보통 잎 재료는 구하기 쉬우니 정원 스타일을 만들 때는 넉넉하게 사용하자.

색상 고르기

- 우아한 스타일을 표현하려면 아래에서 주요 색상 두 가지를 골라 사용한다. 일반적으로 우아한 스타일의 꽃꽂이에는 초록색의 잎 재료는 사용하지 않는다.

플라워 스쿨

스타일과 색상 스토리를 구성하기 위한 플라워 스쿨의 기본 철학

꽃은 원색과 원색에서 파생된 색 전반을 망라하는 온갖 다양한 색상으로 넘쳐나기 마련이다. 꽃과 꽃병의 색을 선택할 때 고려해야 할 것들이 몇 가지 있다. 먼저 꽃꽂이가 놓일 식탁이나 식탁보의 색이다. 또 식탁 위에 올릴 음식의 색과 꽃꽂이가 놓일 공간의 색도 고려해야 한다. 가능하다면 최대한 주변 환경을 더욱 아름답게 끌어올리는 꽃꽂이를 만든다.

여기서는 연습 삼아 한 가지 색만 사용해 꽃꽂이를 만들어보자.

꽃꽂이를 전통적인 스타일(꽃꽂이의 여러 스타일에 대해서는 6장에서 자세히 살펴볼 것이다)로 만들 때는 먼저 꽃의 색상과 형태를 각각 한 가지씩 선택하고 골라놓은 꽃병과 맞추어본다. 그다음에 질감을 더하고 주변에 장식을 덧붙여 가는 과정에서 겉보기에는 작은 변화가 전체 분위기에 얼마나 큰 영향을 미치는지 확실히 알 수 있다. 위에 있는 첫 번째 사진에서 볼 수 있듯 초록색 꽃에 흰색과 회색이 조합된 꽃병을 고르고, 이 꽃꽂이를 흰색 식탁보에 올려놓았다. 꽃은 서로 맞대어 비슷한 높이로 꽂았다.

색상 고르기

다음은 조금 더 컨템퍼러리 디자인에 가깝게 만들기 위해서 유사 색상인 크림색을 더한 것이다. 꽃꽂이를 크림색과 초록색 계열의 다양한 색으로 채우면서 높낮이에 변화를 주어 볼거리가 더 많아졌다.

마지막 사진에서는 높이가 다양한 초록색 재료로 여기저기를 채우며 꽃꽂이가 돋보이게 만들었다. 다른 색상 팔레트를 사용해여러 다양한 방법으로 변화를 줄 수도 있다. 선택지는 무궁무진하다!

프로의 조언: 두 가지 색을 사용할 때는 실수하지 않도록 주의해야 한다. 색상환에서 반대편에 위치한 색상으로 작업할 때는 비슷한 계열의 색을 지나치게 많이 사용하지 않도록 한다. 기억하자. 형편없는 꽃은 없다. 형편없는 선택만 있을 뿐이다.

플라워 스쿨

튤리피나 오너 키아나 언더우드의
색상 접근법

키아나 언더우드는 색상을 창의적으로 활용한 재치 있는 꽃꽂이로 전 세계에 널리 알려진 플로럴 디자인, 이벤트 스튜디오 튤리피나(Tulipina)의 오너다. 색상을 독특하게 활용하고 남다르게 꽃을 선택하는 언더우드의 플라워 스쿨 워크숍은 다양한 유형의 플로리스트와 팬들로 만석을 이룬다. 언더우드는 인스타그램의 팔로우 수가 엄청날 뿐만 아니라 『Color Me Floral』이라는 책을 성공적으로 발간했으며 언더우드의 작품은 〈뉴욕 타임스〉나 〈엘르 데코〉, 〈컨트리 리빙〉, 〈타운 앤드 컨트리〉 등 여러 간행물에도 실렸다. 다행히 언더우드가 친절하게 시간을 내어 스타일과 색을 조합하는 기발한 요령에 관한 답을 몇 가지 전하고, 영감을 주는 아주 멋진 작품 사진 몇 장을 전해주었다.

꽃꽂이를 디자인하고 만들어야 할 때 어떻게 시작하는가?

보통 나는 색상을 먼저 생각하고 꽃 하나하나가 빛을 발할 수 있게 꽃병 안에 재료를 어떻게 배치할 것인지 고민한다. 형태와 질감 또한 내가 만드는 꽃꽂이에서 큰 역할을 한다.

색상 고르기

어떻게 영감을 얻는가?

나는 미리 계획하기보다는 그때그때 영감이 떠오르는 편이다. 디자인이 형태를 잡아가는 것을 보면서 어떻게 이어갈지, 그리고 궁극적으로 어떻게 완성할지 정한다.

색상과 관련해서는 어떻게 영감을 얻는가? 그때그때 떠오르는 것으로 선택하는가, 아니면 미리 계획하는가?

개인적인 생각이지만, 여러 꽃 중에 돋보이려면 색을 대담하게 사용해야 한다. 나는 색에 대한 영감을 꽃 자체에서 얻는다. 꽃 한 송이를 유심히 들여다보면 여러 다른 색상과 색조로 이루어져 있다는 사실을 알게 될 것이다. 예를 들면, 주황색처럼 보이는 꽃 한 송이라도 안쪽에 자홍색과 암자색이 감돌 수 있고, 이런 색상을 꽃꽂이에 조합하면 매우 아름답다. 지나가던 사람들이 내가 만든 꽃꽂이 앞에 멈추어서 이렇게 말하는 것을 들을 때면 내 목표를 달성했다고 생각한다. "우와, 색상 조합 좀 봐! 이 색들을 함께 쓸 생각은 전혀 못했는데 정말 굉장하다!"

3.
꽃 구매하기

꽃 구매하기

꽃은 형태나 크기, 색상, 높이가 아주 다양하며, 각 요소를 완전히 다른 느낌으로 연출할 수 있다. 어떤 꽃들은 튤립처럼 호리호리하다. 어떤 꽃들은 완전히 곧게 뻗어 있다. 어떤 꽃들은 수국이나 장미처럼 평평하다. 적절한 조합을 찾는 일은 어려울 수도 있다. 경험이 많은 플로리스트조차 머리가 빙빙 돌 정도다. 이 일이 벅차게 느껴진다면 나만 그런 것이 아니라는 사실을 떠올리자. 꽃 시장이나 전문 플로리스트의 매장에 가서 경험이 많은 누군가가 겉보기에 생각 없이 꽃을 고르는 모습을 보게 될 수도 있다. "저 통에 든 것하고, 저 꽃으로 할게요. 전부 다요"라고 말한다. 어떻게 이렇게 고를 수 있는 걸까? 답은 지혜와 계획의 조합이다. 경험으로만 쌓을 수 있는, 꽃에 대한 지혜와 직관이 어느 정도는 있다. 시간이 흐를수록 자신이 어떤 꽃을 가장 좋아하고, 어떤 꽃이 어떤 때에 잘 어울리는지 알게 된다. 이와 달리 계획은 지금 당장 배울 수 있는 영역이며 큰 도움이 된다. 앞에서도 이야기했지만, 여러 번 이야기할 가치가 있다. 항상 계획을 세우자! 어떤 스타일의 꽃꽂이를 만들지, 원하는 대로 꽃꽂이를 만들기 위해 필요한 꽃과 재료가 무엇인지 최대한 노력해서 파악한다. 처음에는 벅차게 느껴질 수도 있기 때문에 꽃을 고르는 방법을 도와줄 가이드를 정리했다.

1단계: 스타일 정하기

"원하는 꽃꽂이를 만드는 데 꽃 몇 대가 필요할까?"라는 질문은 꽃꽂이 디자인에서 가장 기본적인 질문인 동시에 가장 답하기 어려운 질문이다. 플로리스트들은 보통 이렇게 답한다. "제가 계획한 예산으로 얼마나 살 수 있을까요?" 그러나 계획할 때 모든 결정을 예산에 따르는 것은 그다지 도움이 되지 않는다. 삶은 스스로 만들어가는 것이며, 꽃꽂이도 크게 다르지 않다. 주어진 상황에 맞게 현실적으로 대응해야 한다. 온 세상의 돈을 전부 갖고 있다 하더라도 꽃 시장에서 마음에 와닿는 꽃을 하나도 찾지 못할 수도 있다. 만원밖에 쓸 수 없어도 아름다운 꽃꽂이를 만들 수도 있다. 갖고 있는 재료를 어떻게 활용하느냐에 달려 있는 것이다. 가장 먼저 해야 할 일은 '스타일 정하기'다. 다음에 일반적으로 사용하는 주요 꽃꽂이 스타일 목록이 있다. 디자인 기술을 조금 더 능숙하게 활용할 수 있게 되면 이 스타일을 응용해서 자신만의 스타일을 만들어도 된다.

플라워 스쿨

모던

이 스타일은 보통 한 가지 색과 한 가지 꽃만 사용한다. 모던 스타일은 대개 미니멀하고 건축적이거나 평면적인 것을 뜻한다. 잎 재료가 거의 없거나 아예 없이 깔끔한 형태의 전통적인 꽃꽂이를 떠올려보자. 위 사진은 10×10×10센티미터 정육면체 유리 꽃병에 장미 25개가 꽂혀 있다. 저녁식사 식탁이나 커피 테이블에 어울리는 꽃꽂이다.

꽃 구매하기

정원 디자인

정원 스타일의 꽃꽂이는 보통 여러 다양한 꽃과 잎 재료를 사용한다. 이 스타일의 전형적인 꽃꽂이는 최소한 여섯 종류의 꽃과 네 종류 이상의 잎으로 구성된다. 이 스타일에서는 잎 재료가 꽃만큼 중요하며, 각 요소의 간격을 여유롭게 두어 자세히 살펴볼 수 있게 해야 한다는 사실을 기억하자.

수직형 일방화

한쪽 면에서 보도록 디자인한 이 스타일은 바나 입구 테이블에 두기에 완벽하다. 일반적으로 꽃을 촘촘하게 꽂지 않으며 기다란 줄기를 사용한다. 이런 긴 꽃병에 잘 어울리는 꽃은 에레무르스나 델피니움, 꽃이 핀 나뭇가지 등이 있다. 입구가 좁은 적절한 꽃병이 있다면 5~10개 정도의 줄기만 있어도 된다.

꽃 구매하기

클래식

전문 플로리스트들은 대개 클래식 스타일의 꽃꽂이를 만들 때 손에 꽃을 쥐고 형태를 잡는다. 꽃다발을 떠올려보자. 초보라면 줄기 30~35개가 필요하며, 여러 다양한 색상의 꽃을 단순한 형태의 꽃병에 꽂는다. 클래식 스타일은 "꽃은 꽃병 높이의 1.5배가 되어야 한다"는 원칙이 오랫동안 지켜져온 꽃꽂이 유형이다.

컨템퍼러리 모던

우아한 꽃꽂이는 잎 재료를 약간 꽂거나 전혀 꽂지 않고 흰색과 파스텔 색 계열로 만드는 경우가 많으며, 주로 기본 대칭 형태로 배열한다. 둥근 공 형태의 수국에 줄기나 잎사귀가 보이지 않는 모습을 떠올려보자. 꽃은 곧게 뻗어 있고 비슷한 높이로 서로 맞대어 있어 최대한 고급스러운 느낌을 준다. 이 꽃꽂이는 한 가지 이상의 색상을 사용하고 줄기가 보이지 않는다는 점에서 전통적인 모던 디자인에서 한 단계 벗어나 있다. 매우 일정한 형태를 유지하고 다양한 질감을 나타낸다. 이 디자인은 수국처럼 크기와 형태가 비슷한 여러 종류의 꽃을 사용하면 쉽게 만들어낼 수 있다.

꽃 구매하기

정원

위의 꽃꽂이는 세 가지 이상의 초록색 잎 재료를 유사한 색상 팔레트와 조합한 전형적인 정원 스타일의 좋은 예시다. 다양한 잎 재료를 듬성듬성 꽂아 정원 디자인을 만들었고, 파랑과 보라 계열의 비슷한 색으로 구성했다.

2단계: 꽃을 고르고 크기 정하기

스타일을 정하고 나면 계획한 디자인을 만들기 위해 어떤 품종을 사용할지 정할 차례다. 이 책에서는 꽃을 구매하는 방법에 대해 안내하고 디자인을 쉽게 결정할 수 있도록 최대한 돕고 있지만, 모든 법칙에는 예외가 있다. 예를 들어, 장미 세 송이와 수국 세 송이, 델피니움 세 송이를 조합하면 일반적으로는 이상하게 보이겠지만, 이 세 가지 꽃을 조합해 눈부실 정도로 아름다운 모습을 만들어내는 것이 아주 불가능하지는 않다. 꽃의 수를 늘려서, 예를 들어 장미 스물다섯 송이와 수국 스물다섯 송이, 델피니움 스물다섯 송이가 있고 적절한 디자인 장치를 활용하면 훨씬 더 쉽게 성공적으로 꽃꽂이를 만들어낼 수 있을 것이다. 그러나 이 책은 가볍게 가정에서 꽃꽂이하는 플로리스트들이 일반적인 꽃병으로 꽃꽂이를 만들 수 있게 돕는 데 초점을 두고 있기 때문에 불가피하게 창의성의 폭을 제한해 다수가 성공할 수 있는 요령을 전한다.

꽃의 크기

꽃의 크기는 수국을 설명할 때 가장 확실하고 유용하다. 꽃의 크기는 '10+'는 얼굴이 10센티미터 이상, '15+'는 15센티미터 이상이라는 의미이며, '20+', '25+', '30+'으로 점점 커진다. 커다란 30+ 수국을 장미 한 송이 옆에 꽂으면 장미가 볼품없어질 것이다. 커다란 수국은 장미 여러 송이와 함께 조합하는 것이 더 좋다.

줄기의 길이

일반적으로 줄기가 길수록 꽃의 얼굴이 탄탄하고 품질이 더 좋다. 줄기의 길이는 식료품점에서 판매하는 등급인 약 40센티미터부터 시작해 특별 주문을 통해서만 구매할 수 있는 130센티미터까지 있다. 경험상 전문 플로리스트에게 50센티미터나 60센티미터, 70센티미터 정도면 충분하다. 일부 품종의 경우 좀 더 짧아도 괜찮다.

꽃 구매하기

꽃의 얼굴 형태

장미나 수국처럼 평평한 얼굴을 하고 있는 꽃이 있다(두 꽃 모두 위에서 언급했다). 이 두 꽃은 형태가 비슷해 조합하기가 쉽다. 꽃의 형태가 다양하다는 사실을 머릿속에 새겨두면 도움이 될 것이다. 예를 들어, 글라디올러스와 델피니움은 키가 매우 크기 때문에 장미나 수국과 조합하기가 어렵다.

3단계: 꽃병 고르기

꽃꽂이는 늘 풍요로운 분위기로 꽃병에서 흘러넘치는 느낌을 주도록 만드는 것이 좋다. 그래서 경험으로 터득한 요령은 계획한 꽃꽂이의 크기와 비교해 적절하다고 생각되는 것 중 가장 작은 꽃병을 고르는 것이다. 꽃병이 꽃을 삼키는 것처럼 보여서는 안 되고, 꽃이 꽃병에서 흘러넘치는 듯한 모습이어야 보기 좋다.

꽃 구매하기

키가 큰 꽃꽂이를 만든다면 꽃병의 높이가 너비보다 커야 한다. 예를 들어, 입구 너비가 약 11~14센티미터인 꽃병이라면, 높이가 18~20센티 이상이 되어야 한다. 어느 정도 높이가 있는 꽃병은 특히 델피니움처럼 키가 큰 꽃에 잘 어울린다. 꽃병에 대한 자세한 설명은 4장에서 살펴보자.

> **프로의 조언:** 좋은 꽃병을 구하기가 어렵고 중고판매점에서 단순하고 재미없는 꽃병 외에는 찾기가 힘들다면, 꽃병에 직접 장식을 더해 꾸밀 수 있는 재료가 필요할 것이다. 이때 자작나무 껍질이나 천을 활용하면 좋다.

4단계: 꽃 구매 장소

재료를 구하고 활용하는 일은 플로리스트의 일과에서 중요한 부분을 차지한다. 다음은 플로리스트들이 재료를 구하러 자주 찾는 장소의 목록이다. 이 목록에 있는 장소를 살펴보면 놀랄 수도 있다. 대부분 식물은 눈에 잘 띄지 않기 때문이다.

상황에 따라 '고급 상점'에 갈 수 있기도 하고 그렇지 않기도 할 것이다. 그러므로 자신이 고른 재료로 최대한의 효과를 내고 예술성을 표현해낼 수 있도록 창의적으로 깊이 연구해야 한다. 두려워하지 말자. 알고 보면 이런 상황은 축복이며, 창의력을 발휘할 기회다. 보통 플로리스트들이 생각하지 않을 만한 장소를 찾아보자. 주변에 펼쳐진 자연을 유심히 들여다보고 꺾어도 될 만큼 활짝 핀 꽃과 잎이 있는지 살펴보자.

식료품점

식료품점은 올바르게 주문하는 법만 알고 있다면 재료를 구하기에 아주 훌륭한 장소다. 보통 주변에 있는 식료품점에 꽃 코너가 있거나 양동이 여럿에 꽃이 꽂혀 있어 고를 수 있게 되어 있을 것이다. 잘 알려진 대형 식료품 체인점에는 꽃 코너가 잘 갖추어져 있으며, 그 외에 다른 식료품점에도 그런 경우가 많다. 주변에 있는 식료품점에 꽃

꽃 구매하기

근처 식료품점에서 구매한 꽃으로도 고급 꽃으로 만든 꽃꽂이에 버금갈 만큼 훌륭하게 만들 수 있다. 꽃을 다루는 방법과 가장 잘 어울리는 색상을 고르는 (이 사진의 경우에는 초록과 흰색에 개인의 창의력을 살짝 가미한다) 기본적인 지식만 있으면 된다.

코너가 있다면 꽃 구매나 주문을 담당하는 사람을 만나 이야기를 나누어보기를 권한다. 꽃이 언제 배달되는지, 어떤 종류의 꽃을 주문할 수 있는지 파악할 수 있다. 식료품점에 배달되는 꽃이 상자에 담긴 채로 매장 뒤쪽에 보관되다가 시들어버리는 경우가 많으니 안타까운 일이다. 제대로 훈련받지 않은 직원이 잘못된 방법으로 꽃에 물을 올리다가 꽃의 수명을 크게 단축시키는 일도 흔하다. 꽃이 언제 배달되는지 파악하면 최대한 빨리 꽃을 구매해 시간과 노력, 돈을 들인 대가로 꽃의 수명을 최대한으로 끌어올릴 수 있다. 그러니 꽃을 빨리 구매할수록 더 유리하다. 근처에 있는 식료품점에 가서 물어보기를 두려워하지 말자. 그곳에서 일처리를 제대로 한다면 꽃이 진열되기도 전에 구매하는 단골 고객이 될 것이다. 그곳에서도 단골 고객을 좋아할 것이며, 이런 관계를 통해 지역 식료품점이 사업을 확장할 수 있게 도와줄 수도 있다.

플라워 스쿨

시간이 빠듯해서 상점에 진열되어 있는 꽃을 사고 싶다면 짓물러 보이지 않고 신선한 상태가 확인되는 꽃만 사기를 권한다. 종이로 포장해둔 꽃은 그 안에서 보이지 않게 썩어가고 있는 경우가 많다. 사기 전에 반드시 종이를 벗겨 살펴보자!

식탁에 놓을 꽃을 준비한다면 농산물 코너에서 재료를 구할 수 있다는 큰 장점이 있다. 과일이나 채소를 떠올려보자! 포도 한 송이나 덩굴 위에 놓인 토마토가 네덜란드의 정물화나 풍요의 뿔*처럼 컴포트형 꽃병을 한결 더 멋지게 장식해줄 수 있다.

* 뿔 모양의 바구니에 과일이나 채소를 넘치게 담는 것으로 풍요로움을 상징한다. - 옮긴이

꽃 시장

꽃 시장은 전문 플로리스트들이 가장 많이 찾는 곳이다. 인스타그램에 상품을 선보이며 유명해진 퍼트넘앤드퍼트넘*의 사례처럼 예술과 패션, 문화, 인스타그램에서 꽃이 인기를 구가하고 있는 덕분에 여러 전문 꽃 시장이 가보고 싶은 곳, 혹은 보여주고 싶은 멋진 장소로 등극했다. 이토록 소란스럽게 주목을 받고 있지만, 사실 꽃 시장은 카카오 열매나 과일, 채소, 혹은 금을 판매하는 다소 지루한 시장과 비슷하게 가공되지 않은 상품을 사고, 팔고, 거래한다는 점에서 여느 시장과 크게 다르지 않다. 전문 꽃 시장에는 말 그대로 수천 가지 품종의 꽃을 머릿속에 떠올릴 수 있는 거의 모든 색상으로 파는 판매자가 많이 있다. 겁먹을 필요는 없다! 꽃 도매 시장도 지역 식료품점과 그리 크게 다르지 않다. 더 다양한 종류의 상품을 대량으로 운영하는 것뿐이다. 지역 상점에서 꽃을 구매하는 것과 똑같은 방법을 여기에 적용한다. 각 판매자가 어떤 종류의 꽃을 구할 수 있으며 그 꽃이 언제 시장에 배송되는지 파악해야 할 것이다. 그리고 꽃을 구매하러 가기 전에는 항상 구매하고 싶은 꽃의 목록을 만든다. 꽃을 좋아하는 사람들이 잘 꾸며놓은 꽃 시장에 들어가면 들리는 커다란 소리가 있다. 통장에서 돈이 쑥쑥 빠져나가는 소리다. 혼을 쏙 빼놓는 꽃이 끝없이 늘어서 있는 모습을 보면 그 아름다움에 압도되어 쓸데없이 많은 돈을 쓰게 될지도 모른다.

* Putnam & Putnam: 마이클 퍼트넘과 대록 퍼트넘이 운영하는 뉴욕의 플라워 디자인 기업. - 옮긴이

전문 꽃 시장에서 구매할 수 있는 꽃이 너무 많아 가짓수에 압도될 수도 있다. 꽃 시장에 가기 전에 미리 어떤 꽃과 어떤 색상을 구매할지 목록을 만들어두면 언제든 도움이 된다.

플라워 스쿨

꽃 시장의 터줏대감 개리 G. 페이지의 조언 한 마디

내 이야기보다는 뉴욕 28번가 플라워 디스트릭트의 터줏대감으로 '지페이지 도매 꽃(G.Page Wholesale Flowers)'을 운영하는 개리 페이지의 이야기를 들어보자. 오래 전부터 플라워 스쿨의 학생들과 시장을 찾아가면 페이지는 재고를 조사하고 상품의 품질을 확인하는 일을 잠시 멈추고 시장 투어를 진행해주었다. 운이 좋아서 꽃 시장 투어에 참여해 페이지를 만나게 된다면 분명히 이렇게 말하는 것을 듣게 될 것이다. "여러분, 저는 이 일을 오랫동안 하면서 뉴욕의 위대한 차세대 디자이너들이 오가는 모습을 지켜봤습니다. 놀라운 일은 계획적으로 재료 목록을 준비해와서 고객의 요구에 따라 꽃을 구매하는 사람들을 발견한 것이었죠. 10년 후 이들은 풍족하게 돈을 벌고 행복한 시간을 보내면서 여전히 같은 일을 하고 있습니다. 하지만 다른 무리도 있어요. 자신에게 무엇이 필요한지 정확하게 파악하지 않고 나타나서는 감당하지 못할 것들을 구매하고 마는 사람들이죠. 이들은 늘 녹초가 되어 있고, 매번 하루 늦게 오며, 1달러가 부족해요. 안타깝지만 처량합니다. 두 번째 유형의 사람이 되지는 마세요!"

> **프로의 조언:** 초보 플로리스트에게 규모가 큰 시장은 지나치게 부담스러울 수도 있다. 예를 들어, 튤립 시즌이 되면 시장에 나오는 튤립의 품종만도 200개가 넘는다. 흰색 튤립을 찾는 것도 어려운 일이 될 수 있다. 화이트 싱글, 화이트 더블, 화이트 패럿, 화이트 프릴드뿐만 아니라 프랑스산 화이트 프렌치, 네덜란드산 화이트 프렌치, 뉴저지산 화이트 프렌치 등이 있기 때문이다.

'지페이지 도매 꽃'에서 볼 수 있는 수많은 꽃들. 구체적인 계획 없이 꽃 시장에 들어가면 아무리 아름다워도 서로 잘 어울리지 않는 꽃을 이것저것 구매하게 되기 쉽다.

농산물 직판장에서 꽃을 구매하는 일은 대부분의 사람들이 머릿속에 떠올렸던 이상적인 이미지와는 꽤나 다른 경우가 많다. 어떤 꽃의 재고가 있는지 절대 예측할 수 없기 때문에 유연하게 대처할 마음가짐을 갖고 필요하다면 상황에 따라 계획을 수정해야 한다.

플라워 스쿨

농산물 직판장

농산물 직판장은 꽃을 좋아하는 사람이 한 번쯤 묶여 있지 않은 꽃을 구매해보고 싶어 하는 전통적인 장소다. 꽃을 열정적으로 사랑하는 이들에게는 시골 농부들과 직접 만나 대화를 나누며 꽃을 찾는 일이 야외 시장의 가판대를 샅샅이 뒤지며 완벽하게 익은 순종 토마토를 찾는 것처럼 커다란 즐거움의 원천이 될 수도 있다. 농산물 직판장은 아주 정교한 생산 능력을 지닌 농장부터 이익보다는 열정을 추구하며 일하는 아마추어 식물 애호가에 이르기까지 온갖 유형의 농부들을 직접 만나고 아주 멋진 꽃을 구할 수 있는 흥미롭고 친근한 곳이다.

농산물 직판장은 흥미로운 만큼이나 '모 아니면 도'의 성격이 강하다. 이곳에서 꽃을 판매하는 농부들 대다수가 장이 열리는 당일에 준비가 된 것들을 수확하기 때문이다. 구매하는 꽃이 신선하고 그 지역의 산물인 것은 확실하지만, 필요한 수량만큼 구할 수 있는지는 알 방법이 없다. 게다가 개인적인 경험에 따르면 일부 농부들은 꽃을 너무 늦게 수확하는 경향이 있다. 백합 같은 꽃이 이미 피어버렸을 때 구매하면 돌아가는 길에 무사하지 못할 것이며, 오래 버티지 못할 것이 분명하다. 구매자들은 주의해야 한다.

> **프로의 조언:** 열정적인 농부나 아마추어 식물 애호가를 찾았다면, 이들과 친구 관계를 맺어두면 좋다. 이런 사람들은 대개 식물을 키우는 데 어마어마한 시간과 노력을 들이기 때문에 조금 더 높은 가격을 매긴다. 그러나 흔히 그렇듯 이들도 꽃을 사랑하는 사람들에게는 좋은 조건으로 판매할 것이다.

꽃 시장을 들르는 일은 언제나 즐겁다. 그러나 가기 전에 목록을 만들어두면 일이 훨씬 쉬워지고 더 이상 필요한 것이 없을 정도로 재료를 모두 구매한 후에 시장을 떠날 수 있을 것이다.

정원이나 그 밖의 장소에서 구하기

재료를 구하는 장소 중에 내가 좋아하는 곳은 바로 집 앞이다. 하루도 빼놓지 않고 매일 꽃이나 나무를 발견하고 놀라면서 이렇게 말한다. "저건 시가가 얼마지?!" "와아, 가능성이 무궁무진하구나!" "저 형태 좀 봐. 써보고 싶다." 플로리스트가 좋아하는 취미활동은 아무것도 아닌 것에서 무언가를 만들어내려고 노력하는 일이다. 우리만의 방식으로 바위를 깎아 조각품을 만드는 것이다.

색상 계획과 꽃병을 정하고 나면 모든 것이 활용 가능한 재료가 된다. 이처럼 자유로운 느낌이 꽃꽂이의 가능성을 열어주고 흥미진진하게 만들어줄 수 있다.

정원에서 꽃을 꺾을 때 꽃이 최대한 오래 수명을 유지할 수 있게 해 주는 몇 가지 요령이 있다. 첫째, 정원은 박테리아가 가득하다. 하이드라플로(HydraFlor)나 플로라라이프 퀵 딥(FloraLife Quick Dip) 제품을 사용하면 도움이 될 것이다(좀 더 자세한 내용은 155쪽의 물올림 부분을 참고하자). 둘째, 이른 아침에 꽃이나 나뭇가지를 자르는 것이 매우 중요하며, 호스로 물을 주거나 비가 온 뒤면 더 좋다. 그렇게 하면 꽃이 양분과 수분을 많이 저장해둔다.

재료를 찾고 자르는 법을 배우고 나면 전통 꽃 시장이나 식료품점에 가야 할 필요성이 줄어들 것이다. 꽃을 구하는 과정은 모험이 되기도 하고, 보물찾기가 되기도 하며, 자연을 즐기는 하이킹이 되기도 한다. 우리는 늘 플로리스트들에게 야외에서 시간을 더 보내면서 꽃이나 잎이 자연에 어떻게 존재하는지 살펴보라고 이야기한다. 꽃을 찾아다니거나 자신만의 정원에서 꽃을 구하는 일은 세밀한 것과 디자인에 대한 안목을 높여주는 좋은 방법이다.

> **프로의 조언:** 야외에서 구한 재료는 벌레가 없는지 특별히 주의를 기울이며 제대로 세척해야 한다. 그렇다. 벌레 말이다! 자연이 주는 즐거움이다! 손을 더럽히지 않고 벌레를 제거하는 간단한 방법은 꽃이나 이끼, 덩굴 등 야외에서 구해 온 재료를 몇 초 동안 물속에 완전히 잠기게 두는 것이다. 그러면 벌레가 수면 위로 떠오른다.

꽃 구매하기

> **프로의 조언:** 이웃의 정원에서 꽃을 자른다면 반드시 허락을 받는다. 주변에 있는 공원이나 국립 공원에 있는 산책로 등 공공장소에서 꽃을 자를 때는 이와 관련해 어떤 법규가 있는지 알고 있어야 한다. 관련 법규를 잘 파악하고 있으면 언제 어디서 꽃을 자르는 것이 안전하고 합법적인지 알 수 있다.

화훼 농원

주변에 있는 화훼 농원이나 근처 홈디포*의 원예 코너에서 계절에 맞고 지역에서 직접 재배한 꽃과 식물의 품종을 구하는 것도 좋은 선택이 될 수 있다. 봄에는 화분에 심은 구근을, 가을에는 국화를 구매하는 등 언제나 신선한 재료를 구할 수 있으며, 아니면 줄기를 바로 잘라서(209쪽 참조) 사용할 수도 있다. 이렇게 바로 자른 꽃은 냉장 보관을 할 필요가 없고 물올림만 해두면 된다.

* Home Depot: 건축·인테리어 자재 등을 판매하는 미국의 대형 체인 소매업체. - 옮긴이

> **프로의 조언:** 구근이 언제 꽃 피우는지 알아두는 것이 중요하다. 예를 들어, 화분에 심은 아마릴리스 구근을 구매할 때 꽃봉오리가 갈라지면서 꽃의 색이 보이기 시작한다면 꽃 피는 시기가 곧 다가온다는 것을 알 수 있다. 그러나 실제로 꽃을 보려면 한 달을 기다려야 할 수도 있다. 꽃봉오리마다 꽃을 피우는 속도가 다르기 때문에 그에 따라 계획해야 한다.

다음 장: 뉴욕 캐리비언 컷츠 코퍼레이션 같은 화훼농원은 연중 내내 신선한 지역 꽃을 구할 수 있는 훌륭한 장소다.

온라인

온라인에서 꽃을 구매할 때는 압박감을 느끼지 않고 꽃을 구매할 수 있다는 점이 진정한 장점이다. 또 직접 찾아가기 어려운 곳에서 판매하는 꽃을 온라인에서 구매하는 일이 점점 증가하고 있다. 온라인 구매는 편리하긴 하지만 꽃을 집까지 배송해주는 담당 배송업체에 운을 맡길 수밖에 없다는 점을 강조하고 싶다. 특정 배송업체가 다른 업체보다 상품을 더 안전하게 운송할 수도 있다. 도매업체는 손상된 꽃을 교체해줄 수 있고 배송을 신속하게 처리할 수 있는 구조를 갖추고 있기 때문에 가능하다면, 도매업체를 활용하는 것이 좋다. 더불어 달리아처럼 배송을 잘 하지 않는 섬세한 꽃은 주의하기 바란다. 튤립과 장미 위주로 구매하는 것이 좋다.

가정에서 꽃꽂이하기

집에서 파티를 열 계획을 하고 있고, 테마 색상을 빨강으로 정했다고 해보자. 와인 판매점과 식료품점, 혹은 인근 월마트에 들러 빨간색 꽃만 구매한다. 빨간색 계열이라면 어떤 색조든 상관없이 좋아하는 색을 고르면 된다. 크기나 모양도 마찬가지다. 마음에 드는 것으로 고른다. 어떤 것을 고르든 여러 다발을 구매한다. 집에 돌아오면 꽃을 손질하고(155쪽 참조) 꽃꽂이를 만든다. 색상 구성을 유지하고 올바른 꽃병을 고르기만 한다면 훌륭한 작품이 나올 것이다. 보라와 흰색처럼 서로 잘 어울리는 두 가지 색상을 골라 같은 방법을 반복해보자. 두 가지 색상으로 자신의 마음에 드는 꽃다발을 만드는 연습을 한다. 여기서는 보라와 흰색을 제안했지만, 다른 색으로 골라도 큰 차이는 없다. 두 가지 색이 강한 대비를 이루기만 한다면 멋진 디자인을 만들 수 있을 것이다.

꽃 구매하기

4.
꽃병 고르기

꽃병 고르기

꽃꽂이를 잘 하고 싶고 꽃마다 각자에게 주어진 가장 완벽한 생애를 살아갈 기회가 있다는 사실에 만족감을 느낀다면, 다양한 종류의 꽃병을 갖추고 있어야 한다.

올바른 방법을 따라 '꽃병 수집가'(이보다 더 좋은 용어가 없다)가 되어야 한다. 좋은 꽃병을 구비해두어야 할 뿐만 아니라 다양한 모양과 크기(13×13, 브이형, 높은 꽃병, 낮은 꽃병 등)가 필요할 것이며, 각 꽃병마다 적어도 두 개씩 갖추어두는 것이 현명하다. 모든 이들이 멋진 꽃병 한 쌍을 갖고 있으면 기뻐한다. 왜 그럴까? 완벽한 꽃병을 갖고 있는 것은 외출복과 잘 어울리는 완벽한 구두 한 켤레를 갖고 있는 것과 비슷하기 때문이다. 한 쌍이 있다면 완전히 다른 변화를 줄 수 있다.

세상에는 수백 가지 종류의 꽃병이 있다. 자연과 생명이 전해줄 아름다움을 온전히 누릴 계획이라면 꽃병을 충분히 갖추고 있는 것이 좋다. 재료를 구하는 작업 초기에는 실제로 눈으로 보게 될 때까지 어떤 것이 자신의 미적 감각을 충족시켜줄지 알기 어렵다. 그렇기에 꽃을 구매하거나 콘셉트를 정할 때는 모든 가능성을 열어두는 것이 무엇보다 중요하다. 재료를 구하러 갈 때는 구매 목록과 대략적인 콘셉트를 염두에 두어야 하지만, 눈길을 사로잡는 아름다움 때문에 구매 목록에 없는 꽃을 사고 싶은 마음이 끊임없이 들기도 한다. 장미가 필요하다고 생각했지만 아주 멋진 글라디올러스로 결정할 수도 있다. 그러면 이제 어떤 꽃병을 사용해야 할지 다시 고민해야 한다. 꽃병을 여러 개 갖추고 있으면 마음에 드는 꽃을 자유롭게 구매할 수 있다. 작업할 꽃의 종류와 이 꽃에 적합한 꽃병을 정하고 나면 디자이너로서의 역할은 거의 마무리된다.

꽃을 꽂을 꽃병과 구조물은 쉽게 헤아릴 수 없을 정도로 많다. 어떤 때는 오히려 꽃의 품종보다도 꽃병의 종류가 더 많은 것 같기도 하다. 꽃병을 고를 때는 디자이너가 어느 정도 자신만의 철학을 갖고 있어야 한다. 선물을 보낼 때 값비싼 꽃병에 비교적 합리적인 가격의 꽃을 꽂는 것을 선호하는 사람이 있는가 하면, 저렴한 꽃병에 정교한 꽃꽂이를 선호하는 사람도 있다.

레스토랑 경영자인 매기 홀링스워스는 리틀아울, 마켓테이블, 더클램 등 뉴욕에서 널리 알려진 식당 여러 개를 보유한 블랙풋 호스피털리티의 임원이다. 홀링스워스는 회사에서 개최하는 행사에 쓸 꽃꽂이를 하고 있으며, 플라워 스쿨이 기초적인 기술을 익힐 수 있게 도와주었다.

플라워 스쿨

꽃과 잘 어울리는 꽃병을 고르는 일은 꽃꽂이 과정 중에서 중요한 단계다. 꽃이 활기를 띠게 도와주려면 꽃병에 담아만 놓기에는 너무 아름답다는 느낌을 줄 정도로 꽃이 매력을 발산하는 꽃병을 골라야 한다.

확실하게 지켜야 할 한 가지 원칙이 있다. 꽃병은 꽃이 전부 들어갈 정도로 공간이 넉넉해야 하며 꽃이 흡수할 물을 충분히 담을 수 있어야 한다. 더불어 꽃병에 담은 꽃이 초라해 보이지 않아야 한다. 머릿속에 그렸던 것보다 하나 작은 크기의 꽃병을 사용하면 꽃이 꽃병에서 넘칠 것 같은 인상을 주어 좀 더 풍성하게 보인다.

구체적으로 살펴보면 정확한 각도와 적절한 색상, 올바른 크기의 꽃병을 사용해 꽃의 잠재력을 최대한 끌어내 보여줄 수 있어야 한다. 꽃병이 아름다움을 전부 품어내지 못할 정도로 꽃이 꽃병 밖으로 넘치는 모습을 항상 떠올려야 한다. 꽃병의 크기가 너무 작은지는 판단하기 쉽다. 꽃병에 꽃이 모두 들어가지 않기 때문이다. 그러나 꽃병이 클 때는 판단하기가 조금 어렵다. 마치 허먼 멜빌의 소설 『백경』에서 흰 고래 모비딕이 작은 고래잡이 배를 집어삼키는 것과 같이 꽃병이 꽃을 삼키는 것처럼 보일 것이다. 이런 일이 일어나지 않게 하자. 꽃을 준비한 뒤에는 124쪽에 설명한 부분을 참고해 어떤 꽃병을 사용할지 결정한다.

꽃병 고르기

『Garage Sale America』의 저자 브루스 리틀필드의 꽃병 선택법

정원에 나가 꽃을 채취하는 일 외에 행복을 느끼는 일은 집안으로 들어와 꽃을 꽂을 여러 가지 꽃병을 준비하는 일이다. 차고 판매나 벼룩시장, 고물상, 중고 판매점, 경매 등에 갈 때마다 언제나 꽃병이나 유리병, 오래된 기름 캔, 빈티지 피처, 혹은 아주 멋진 꽃을 담아보고 싶은 이상하게 생긴 통을 발견한다. 내가 느끼는 즐거움에는 여러 단계가 있다. 재료를 구하는 일은 설렘을 안겨주고, 완벽한 꽃꽂이를 만드는 일은 창의적인 즐거움을 주는 것이 사실이다. 그러나 나는 주로 완성된 꽃을 전해줄 때 기쁨을 느낀다. 완벽한 꽃병에 매우 아름다운 꽃을 꽂아 친구에게 보내는 일만큼 행복한 일이 없다. 그렇게 하지 않았다면 지금 내 선반과 수납장은 꽃병 수백 개로 넘쳐났을 것이다.

나의 컬렉션은 온갖 종류의 형태와 크기, 색상, 재질로 된 다양한 꽃병으로 구성되어 있다. 단 한 가지 중요한 요건은 '물을 담을 수 있는가'다. 사실 나는 꽃이 주인공이라고 생각하기 때문에 비싸지 않은 꽃병을 좋아하는 편이다. 그러나 오랜 기간에 걸쳐 가격이 비싸거나, 정이 들었거나, 놀라운 뒷이야기를 지닌 여러 꽃병을 수집해왔고, 이 꽃병들은 어미 새처럼 지킨다. 보통 밖에 나가서 눈길을 끌고, 독특하며, 합리적인 가격, 이 세 가지 요소를 갖춘 꽃병을 발견하면 그 꽃병을 들여온다. 내 꽃들과 나는 그렇게 구매한 꽃병에 늘 만족한다.

꽃에 어울리는 꽃병 선택법 네 가지

1. 먼저 꽃꽂이를 얼마나 크게 만들 계획인지, 식탁 위에 어느 정도의 자리를 차지할 것인지 정한다. 전문 플로리스트들은 사람들이 잡은 물고기의 크기나 먹은 케이크의 크기를 설명하는 것과 비슷하게 주로 손을 가이드로 삼는다. 바 위에 올려둘 높은 꽃꽂이를 만들고 있다면 키가 큰 꽃꽂이를 떠올린다. 테이블 세팅에 활용할 센터피스를 만들고 있다면 낮고 풍성한 꽃꽂이를 떠올린다. 보통 꽃이 꽃병 너비의 3~4배 정도 되면 좋다. 또한 꽃의 너비가 꽃병 높이의 2~3배 정도 되어야 한다.

꽃병 고르기

2. 꽃꽂이의 크기를 정할 때 정확한 측정 방법이 다소 맞지 않는다면 재료를 한 손에 들어보자. 꽃꽂이는 대략 손에 재료를 모두 쥐었을 때만큼의 크기가 될 것이며, 꽃병 입구가 손에 쥔 모든 재료를 꽂을 수 있을 정도로 커야 한다. 이렇게 측정하는 방식은 수학적이지는 않지만 플로리스트의 직관과 보유하고 있는 재료의 양을 바탕으로 한다.

3. 일반적으로 꽃이 얼마나 들어갈지 정할 때는 꽃병 입구를 살펴봐야 한다. 입구가 좁은 꽃병은 키가 큰 꽃에 적절하고, 입구가 넓은 꽃병은 풍성한 꽃에 더 좋다.

4. 꽃의 얼굴을 어떻게 보여주는 것이 가장 좋을지 시각화한다. 튤립은 곧게 차렷 자세를 하고 기다란 줄기를 드러낼 때 멋지게 보인다. 수국이나 사진에 있는 정원 장미는 여러 개를 빽빽하게 함께 모아 하나의 디자인으로 구성할 때 아름답게 보인다.

꽃병에 맞는 꽃을 선택하는 가이드는 각각의 차이를 느껴보고 꽃꽂이의 모습을 결정할 기회를 주기 위한 것이다. 이제 학생들이 과거에 이것저것 조합해보려고 했으나 실패했던 사례를 바탕으로 몇 가지 조언을 줄 것이다. 학생들이 만든 조합이 잘못되었다는 이야기를 하려는 것은 아니다. 그렇게 만드는 것이 불가능하지는 않지만 어려울 수 있다는 의미다.

꽃병 고르기

꽃병의 형태

원통형

원통형은 플로리스트가 처음으로 숙달해야 할 꽃병이다. 원통형 꽃병은 아름다운 둥근 형태를 쉽게 만들 수 있고, 초보 플로리스트들이 알맞은 크기의 꽃을 고르는 직관력을 키울 수 있게 도와준다. 이 꽃병은 또한 꽃을 손질한 후 꽃꽂이를 하기 전에 담아두는 용도로 사용할 수 있기 때문에, 여러 크기로 갖추고 있으면 이상적이다. 일반적으로 원통형 꽃병은 표준 크기인 10×10이나 13×13이 있다. 이 꽃병은 보통 꽃이 최소 스무 송이 필요하며, 장미나 수국, 라넌큘러스 등 얼굴이 큰 꽃과 잘 어울린다.

프로의 조언: 더 극적인 효과를 내기 위해 양초를 추가해보자.

프로의 조언: 특별한 분위기를 내려면 꽃병 위에 꽃병을 쌓아보자.

꽃병 고르기

브이형과 항아리형

일반적인 구조가 브이(V)형으로 동일한 꽃병 중에 인기 있는 꽃병 스타일이 몇 가지 있다. 이런 형태는 꽃이 서로 다른 지점에서 시작하게 해주고, 꽃을 똑같은 방식으로 고정하지 않는다. 항아리형은 브이형 꽃병과 형태가 비슷한 사촌지간이기 때문에 같은 방식으로 접근하면 된다. 조팝나무나 등대풀속, 기타 긴 덩굴 등 드리우는 형태의 꽃을 꽂기에 훌륭한 꽃병이다. 이런 스타일의 꽃병은 활용도가 제한적이고, 위에서 봐야 하는 식탁 위 센터피스와는 다르게 정원 스타일의 꽃꽂이에 가장 적합하다. 장미나 라넌큘러스처럼 얼굴이 평평한 꽃은 어려울 수 있다. 조팝나무나 델피니움, 줄기가 있는 난초처럼 줄기에 꽃이 많이 달렸거나, 줄기가 긴 튤립 같은 재료를 사용하는 것이 더 좋다.

브이형 　　　　　　　　　　항아리형

> **프로의 조언:** 브이형 혹은 원뿔형 꽃병은 특정 형태의 재료에 적합하다. 브이형 꽃병의 중심에서 가장자리까지의 거리는 생각보다 더 길다.

꽃병 고르기

프로의 조언: 얼굴이 매우 무거운 꽃을 사용할 때는 균형을 잘 잡아주어야 한다. 그렇지 않으면 쓰러지기 쉽다. 꽃병이 쓰러지지 않도록 바깥쪽 가장자리를 채우고 난 뒤에 가운데를 채우는 것이 가장 좋다.

컴포트형과 발이 있는 꽃병

'볼(bowl)'은 꽃꽂이의 세계에서 왔는지 저녁 파티 기획의 세계에서 왔는지에 따라 매우 다른 의미를 지닌다. 컴포트는 중세 유럽에서 유래한 것으로 과일을 통째로 시럽에 조리한 디저트다. 모두가 맛있는 컴포트를 좋아하지만, 꽃의 세계에서 쓰는 컴포트라는 용어는 좀 더 정확하게 말하면 발이 있는 볼 형태의 꽃병을 뜻한다. 컴포트형은 정원 파티나 센터피스로 적합하다. 그럴만한 이유가 여러 가지 있다. 첫째, 컴포트형은 커다란 식탁의 센터피스로 꽃을 보여주기에 훌륭한 방식이다. 야생화가 식탁 위를 가로지르는 모습이 멋스럽기 때문이다. 둘째, 컴포트형은 꽃이 흡수할 물을 많이 담지 못하기 때문에 선물이나 배송 주문, 정기 주간 꽃꽂이로는 어렵다. 셋째, 꽃병의 모양 때문에 꽃의 높이를 오랫동안 유지하기 어렵다.

프로의 조언: 대부분의 꽃은 컴포트형 꽃병에 곧게 세우려면 장치가 필요하다.

꽃병 고르기

프로의 조언: 컴포트형을 현재 갖고 있는 꽃만으로 채우기 힘들다면 과일과 꽃을 조합하는 것도 좋은 방법이다. 비상시에는 배나 다른 과일을 사용해 꽃병을 간단히 채울 수 있다.

높이가 높은 사각기둥형

높이가 높고 직사각형 모양을 한 꽃병은 고객을 위한 꽃꽂이나 우리 집에 둘 용도로 꽃꽂이를 만들 때 사용할 정도로, 내가 좋아하는 형태다. 이 디자인을 좋아하는 이유는 꽃을 많이 쓰지 않고도 인상적인 분위기를 만들어낼 수 있기 때문이다. 꽃대가 다섯 개밖에 없다면 이 꽃병을 고르자.

프로의 조언: 각도가 45도 이상이 되면 꽃을 꽃병에 세우기 힘들어진다. 이 때문에 꽃병은 대체로 높이가 너비보다 더 크다.

플라워 스쿨

꽃병 고르기

정육면체형

이 꽃병은 컴포트형 꽃병과 사각기둥형 꽃병이 결합된 형태다. 정육면체형 꽃병에 꽂힌 꽃은 45도부터 최대 60도 각도로 놓인다. 꽃을 꽃병에 세울 때는 꽃이 스스로 고정되도록 십자형으로 꽂는 기술을 숙달하기 전까지는 어떤 종류든 장치가 필요하다.

플라워 스쿨

버드형

버드형 꽃병*은 크기와 모양, 색상에 따라 여러 개를 갖추어두어야 한다. 버드형 꽃병은 가장 활용도가 높고 구하기 쉽다. 버드형 꽃병에 아무 꽃이나 꽂아 테이블 세팅에 조합할 수 있다. 안타깝게도 버드형 꽃병은 세척하기가 가장 어렵다. 버드형 꽃병을 구매할 때는 다음 내용을 고려해 살펴보자.

* 입구가 좁은 형태의 꽃병. - 옮긴이

1. 꽃병의 입구는 계획하고 있는 꽃의 줄기가 들어갈 수 있을 정도로 넉넉해야 한다. 버드형 꽃병의 크기를 잘못 골라서 꽃이 꽃병에 꽉 끼어버린 사례를 여러 번 본 적이 있다.

2. 여러 색상과 스타일의 꽃병을 다양한 높이와 형태로 갖추고 있어야 작업하려는 꽃꽂이에 적합한 꽃병을 찾는 데 애를 먹지 않는다.

3. 버드형 꽃병은 물을 담을 공간이 꽤 충분하기 때문에 꽃이 쉽게 시들지 않는다.

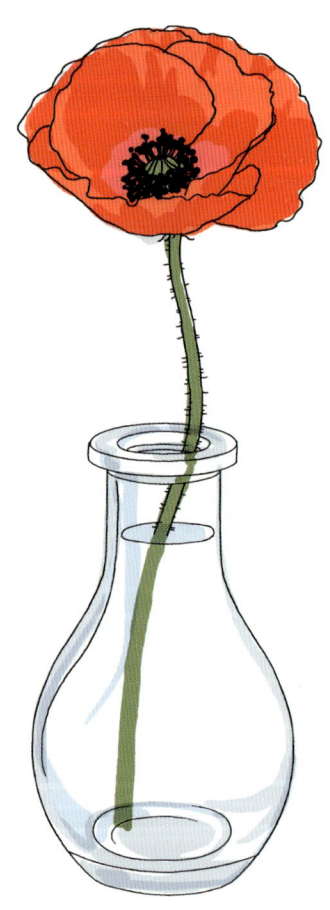

플라워 스쿨

위와 오른쪽: 플라워 스쿨 뉴욕 캠퍼스와 로스앤젤레스 캠퍼스의 학생들이 여러 다양한 종류의 세련된 꽃꽂이를 만들고 있다. 웅장한 건물의 복도에 적합한 커다란 꽃꽂이부터 가정이나 사무실에 적합한 작고 친근한 꽃꽂이까지 온갖 종류를 다룬다.

꽃꽂이를 시작하기 전에 올바른 꽃병을 고르는 것이 얼마나 중요한지는 아무리 강조해도 지나치지 않다. 초보들은 맞지 않는 꽃병을 선택하는 실수를 가장 많이 한다. 꽃의 다양한 움직임을 나타내고 꽃병에서 넘쳐흐르는 듯한 모습을 보여주고 싶다면 입구가 좁고 높이가 높은 것보다는 브이형 꽃병을 사용하는 편이 낫다. 내가 본 것 중 두 번째로 많이 하는 실수는 줄기를 한 번에 너무 짧게 잘라버리는 것이다. 경험이 많지 않은 플로리스트는 줄기를 짧게 자르고 난 후에야 한 번 자른 줄기를 다시 길게 만들 수 없다는 사실을 깨닫는 경우가 많다. 마지막으로 중요한 단계는 '플로리스트의 직관'이다. 꽃을 구매하기 전에 적절한 꽃을 충분히 고르고, 어떤 색상을 조합할 것인지 생각하며, 재료를 다양하게 구성하되 지나치게 많지 않게 조절하고, 만들고 싶은 꽃꽂이의 스타일을 파악하는 것을 뜻한다. 이 모든 것들은 오랜 시간을 걸쳐야 배울 수 있는 중요한 것이며, 이 책은 여러분이 올바른 방향으로 나아갈 수 있게 가이드 역할을 해줄 것이다.

꽃병 고르기

꽃병 꽃꽂이 기본 가이드

먼저 전체 꽃의 4분의 1 정도(잎 재료는 포함하지 않는다)를 꽃병에 꽂는다. 이때 꽃병을 돌려가며 꽃대를 하나씩 더한다. 눈에 확 띄게 보여주고 싶거나 특별히 섬세한 주인공 꽃은 맨 마지막까지 남겨둔다.

반드시 줄기 끝부분이 꽃병 바닥에 닿을 정도로 길게 유지한다. 이렇게 하면 꽃꽂이 작업을 하는 동안 살펴보면서 전체 크기나 모양을 조정할 여지가 생긴다.

줄기를 너무 짧게 자르지 않도록 조금씩(최대 약 5밀리미터씩) 자른다. 줄기는 쉽게 늘릴 수 없다.

꽃병 고르기

4분의 1 정도의 꽃을 모두 꽂은 후에는 한 발짝 뒤로 물러나 살펴보고 스스로 질문한다. 줄기가 너무 짧거나 긴가? 이 시점에서 답은 '길다'여야 한다.

이제 잎 재료의 4분의 1을 꽂은 후(잎 재료를 사용하는 경우), 남은 꽃에서 다음 4분의 1 분량을 꽂는다. 이번에도 재료를 고르게 분배할 수 있도록 꽃병을 돌려가며 줄기를 하나씩 꽂는다. 이 과정이 끝나면 다시 한 발짝 뒤로 물러나 살펴본다. 줄기가 너무 짧거나 길지 않은지 스스로 질문한다.

마지막으로 전체의 절반 정도로 남아 있는 재료를 더한다. 이때 가장 섬세한 꽃과 눈에 확 띄게 보여주고 싶은 꽃을 꽂는다. 이 과정에서는 준비한 재료를 모두 꽃병에 꽂아야 하며, 너무 긴 줄기는 다듬어준다.

> **프로의 조언:** 꽃을 다룰 때는 줄기만 잡는 것이 매우 중요하다. 꽃을 공간 안에 억지로 끼워 넣거나 밀어 넣지 말자. 그렇게 하면 꽃이 다치게 된다.

플라워 스쿨

원통형: 위 그림은 꽃병을 구매할 때 참고할 수 있도록 원통형 꽃병의 여러 종류 중 일부를 나타낸 것이다. 대표적인 형태인 원통형 꽃병은 해바라기나 달리아처럼 얼굴이 큰 꽃이나 한쪽을 바라보는 꽃과 완벽하게 잘 어울린다.

꽃병 고르기

브이형: 여기서는 몇 가지 다른 형태의 브이형 꽃병의 예시를 볼 수 있다. 이 형태의 꽃병은 조팝나무나 아래로 늘어진 정원 장미, 혹은 특이한 모양의 재료 등 늘어지거나 약간의 지지대가 필요한 키가 큰 꽃에 가장 적합하다.

플라워 스쿨

항아리형: 항아리형 꽃병은 북적북적한 가운데 눈에 띄고 시선을 끄는 강렬한 정원 스타일의 꽃꽂이를 만들기에 완벽하다.

꽃병 고르기

브이형: 여기서는 몇 가지 다른 형태의 브이형 꽃병의 예시를 볼 수 있다. 이 형태의 꽃병은 조팝나무나 아래로 늘어진 정원 장미, 혹은 특이한 모양의 재료 등 늘어지거나 약간의 지지대가 필요한 키가 큰 꽃에 가장 적합하다.

플라워 스쿨

항아리형: 항아리형 꽃병은 북적북적한 가운데 눈에 띄고 시선을 끄는 강렬한 정원 스타일의 꽃꽂이를 만들기에 완벽하다.

꽃병 고르기

컴포트형: 컴포트형이나 발이 있는 항아리형 꽃병은 식탁이나 입구에 놓는 꽃꽂이를 만들기에 이상적인 형태다. 이 형태의 꽃병은 재료를 늘어뜨리기에 훌륭하며 높지 않기 때문에 시야를 막지 않는다.

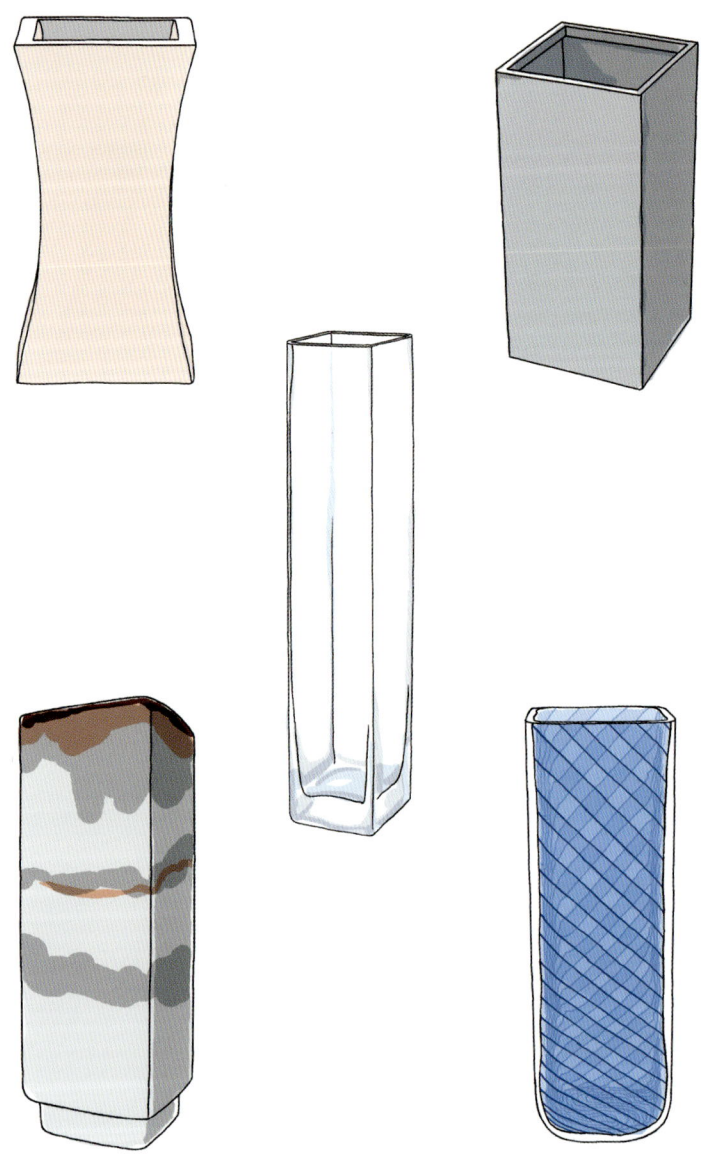

사각기둥형: 대표적인 형태의 이 꽃병은 팔방미인으로, 재료가 충분하지 않을 때 완벽한 꽃꽂이를 할 수 있다. 꽃이 한두 줄기밖에 없다면 사각기둥형 꽃병이 답이다.

꽃병 고르기

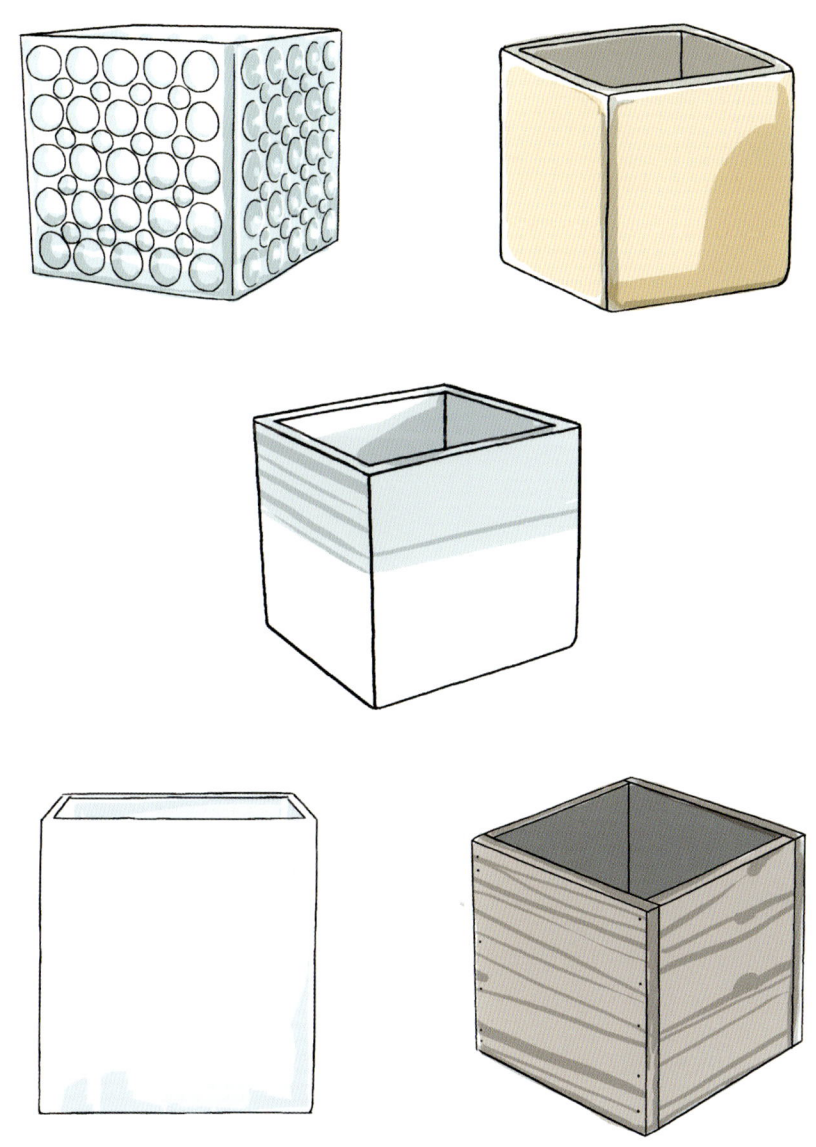

정육면체형: 정육면체형 꽃병은 세련되고 모던한 꽃꽂이를 만들고 싶은 이들에게 이상적인 형태다.

플라워 스쿨

버드형: 이 꽃병은 높이가 높을 수도 있고 낮을 수도 있으며, 입구가 넓을 수도 있고 좁을 수도 있다. 이렇게 선택의 폭이 넓은 버드형 꽃병은 꽃 한 송이로 최대 효과를 내고 싶을 때 좋다.

5.
꽃 손질하기

꽃 손질하기

왼쪽: 정원에서 구해 온 꽃은 언제나 이상적인 재료다. 그러나 꽃의 수명을 최대한 끌어올릴 수 있도록 반드시 물올림을 제대로 해야 한다. **위**: 플라워 스쿨 뉴욕 캠퍼스에서 완성된 꽃꽂이가 작업대 위에 놓여 있다.

꽃 시장에서 꽃을 사든, 정원에서 구하든, 즐겨 찾는 식료품점에서 구매하든 무엇보다 중요한 것은 최대한 빨리 꽃에 물올림을 하는 것이다. 화훼 사업에서는 꽃을 구매한 후 작업을 시작하기 전에 거쳐야 하는 중요한 준비 단계를 통틀어 '컨디셔닝'이라고 한다. 여기서는 집에 꽃을 가져온 후 바로 따라해볼 수 있도록 컨디셔닝의 기본 과정을 단계별로 살펴볼 것이다.

1단계: 꽃 자르기

나는 꽃꽂이를 할 때 꽃 칼을 사용하는 것이 좋다고 굳게 믿는 편이다. 꽃 칼을 사용하면 더 빠르고 효율적이며 꽃에도 손상이 적게 간다. 안전하면서도 효율적으로 작업하고, 꽃이 최대한 오래 버틸 수 있게 만들기 위해 플로리스트라면 반드시 배워야 하는 몇 가지 작업 단계가 있다. 앞으로 하게 될 작업의 가장 기초 단계이며, 아래 간단히 설명되어 있다. 꽃은 작업대에 도착하는 즉시 모두 손질해야 한다. 꽃을 전부 작업대 위에 올려놓고 잘라낸 조각을 담을 수 있게 쓰레기통을 근처에 준비한다. 꽃은 꽃을 보관해둘 꽃병이나 양동이 바닥에 평평하게 놓이지 않도록 줄기를 사선으로 잘라야 한다. 사선으로 자르면 표면적이 넓어져 꽃이 물을 더 많이 흡수할 수 있다.

꽃 자르는 법

1. 손바닥의 손가락 관절 사이에 칼을 잡고 손가락을 오므려 손잡이를 쥔다.

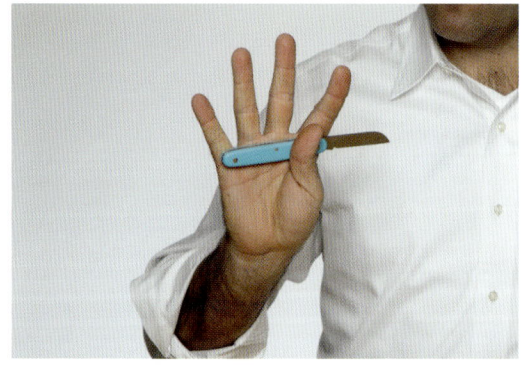

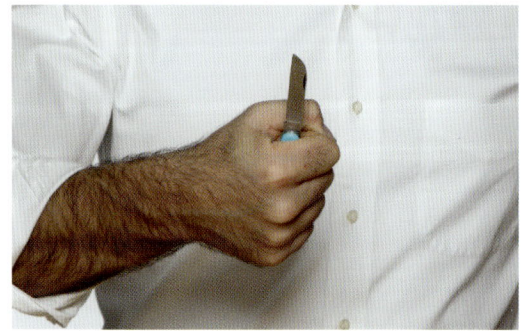

꽃 손질하기

2. 다음으로 엄지손가락과 집게손가락의 거리를 평행하게 유지한다. 칼을 줄기 쪽으로 옮기는 것이 아니라 줄기를 칼 쪽으로 옮긴다.

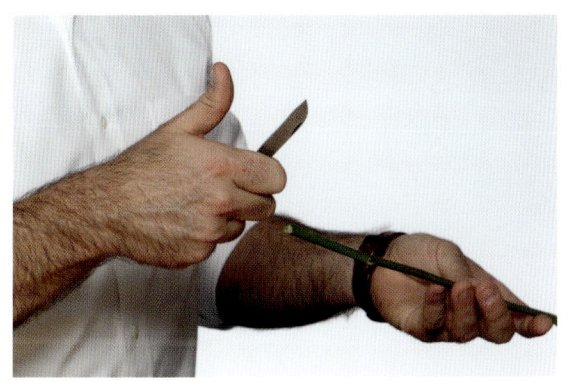 

3. 줄기에 칼집을 내듯 가볍게 칼을 대고 줄기를 잡아당긴다.

 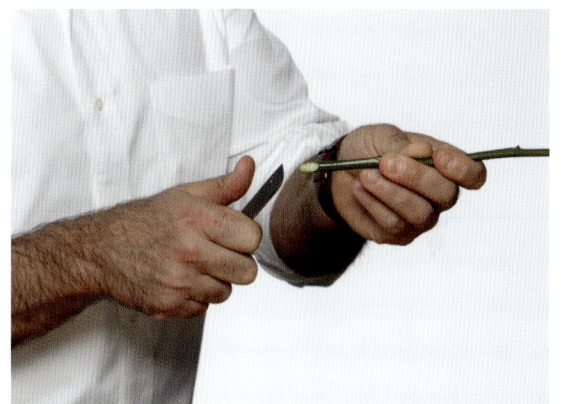

> **프로의 조언:** 실수해서 재료를 버리는 일이 없도록 먼저 줄기나 잔가지, 나뭇가지 등을 자르는 연습을 하면 좋다.

4. 기본 자르기가 익숙해지면 더 짧게 자를 수도 있다. 줄기를 잡아당기는 동작으로 손과 칼을 사용해 자른다. 이때 엄지손가락은 가이드 삼아 칼날 근처에 둔다.

5. 자신감이 좀 더 생기면 줄기 여러 대를 한꺼번에 자를 수 있다. 연습을 위해 정돈된 줄기 파베*나 묶음을 작업대 위에 준비한다. 줄기는 교차하지 않도록 일렬로 배열한다. 줄기 묶음을 한 손에 잡고 앞에서 익힌 기술을 활용해 줄기를 전부 사선으로 잘라낸다. 작업 속도가 얼마나 빨라지는지 알게 될 것이다.

*재료를 오밀조밀하게 밀착시킨 것. - 옮긴이

2단계: 잎 제거하기

여러 많은 꽃이 물을 더 많이 흡수하게 하려면 잎을 거의 혹은 전부 제거하는 것이 가장 좋다. 꽃과 함께 달려 있는 잎은 보통 매력적이기 때문에 모든 이들이 이 법칙을 따르지는 않는다. 나는 잎을 한두 장 정도 혹은 좀 더 남긴다. 꽃의 수명을 오랫동안 유지하는 것이 중요하다면 줄기에 달린 잎을 모두 제거해야 한다. 제거한 잎을 대체할 용도로 루스커스처럼 잎으로만 구성된 줄기를 구매하는 것을 잊지 말자. 꽃꽂이 전체가 수명을 더 오래 유지할 것이다.

　잎을 제거할 때는 한 번에 잎을 모두 제거할 수 있도록 줄기를 따라 손가락을 아래로 훑어내리는 '스트립 방법'을 사용할 수 있다. 아니면 칼을 사용해서 같은 방법을 사용할 수 있는데, 줄기에 가시나 위험한 요소가 있다면 유용할 것이다. 칼을 사용하기로 결정했다면, 줄기를 베지 않도록 조심한다.

> **프로의 조언:** 꽃의 줄기는 유전학적으로 잘렸을 때 스스로 치유하도록 훈련되어 있다. 사람 피부에 베인 상처가 생겼을 때와 비슷하게 스스로 응고시키고 치유한다. 그러니 자르는 과정을 빠르게 진행하고 줄기 하나씩 작업이 끝날 때마다 곧바로 물속에 넣는다.

3단계: 물 준비하기

농장이나 식료품점에서 꽃을 구매했을 때, 그 꽃들은 꽤 오랜 시간 동안 물이 부족했던 경우가 많다. 꽃줄기의 끝부분이 건조해지고, 어떤 경우에는 줄기 안에 공기 주머니가 생겨 꽃이 물을 흡수하지 못하게 막는다. 꽃에 적절한 온도의 깨끗한 물을 주면 물을 흡수하는 데 효과가 매우 좋다. 꽃에 물올림을 할 때 체계적으로 진행한다. 꽃을 전부 꽃병에 나선형으로 넣어둔 후 꽃병 안에서 배열해본다. 이 과정을 거치면서 각각의 꽃들을 어떻게 나타낼지 아이디어가 떠오를 것이며, 흔히 바쁜 작업으로 여겨지는 이 과정을 통해 배울 수 있다. 예전에 일하던 곳에서 물올림을 하고 있던 꽃을 본 어떤 고객이 완성된 꽃꽂이로 생각하고 그대로 구매한 적도 있다. 꽃을 손질하는 과정은 꽃의 자연스러운 모습과 꽃병에 놓인 느낌이 어떤지 파악하는 데 도움이 될 것이다.

따뜻한 물이 필요한 경우

따뜻한 기후나 여름에 꽃피우는 꽃에는 따뜻한 물 혹은 뜨거운 물을 주어야 한다. 앞에서 언급했듯이 박테리아는 따뜻한 물에서 더 빠르게 증식하기 때문에 항균 용액을 섞는다. 이 범주에 속하는 꽃은 장미와 수국, 하이페리쿰 열매 외에도 여러 가지가 있다.

차가운 물이 필요한 경우

봄가을에 피는 꽃은 칼로 잘라 차가운 물에 항균 용액을 풀어 보관하는 것이 더 좋다. 튤립이나 히아신스, 수선화, 달리아 등이 있다.

꽃 손질하기

물을 깨끗하게 만드는 법

물은 깨끗하고 박테리아가 없어야 한다. 수질이 좋지 않은 지역에 살고 있다면 정수한 물을 사용하거나 수돗물에 생화 영양제를 조금 더하면 도움이 될 것이다.

> **프로의 조언:** 따뜻한 물을 써야 할지 차가운 물을 써야 할지 잘 모르겠다면 작업하고 있는 꽃이나 잎의 줄기 구조를 살펴본다. 하이페리쿰처럼 나뭇가지와 유사한 재료나 나뭇가지는 따뜻하거나 뜨거운 물이 필요하지만, 칼라 릴리처럼 가느다랗고 부드러운 줄기에 달린 꽃은 줄기가 녹지 않도록 시원한 물이 필요하다.
>
> **프로의 조언:** 칼라 릴리는 물속에 있으면 썩기 때문에 수명을 늘리고 싶다면 손질 과정에서 꽃병에 물을 2.5~5센티미터 정도만 담는 것이 좋다.

휴식이 필요한 꽃과 필요하지 않은 꽃

모든 꽃은 꽃꽂이에 사용되기 전에 꽃병에 담긴 익숙하고 깨끗한 물 안에서 어느 정도 진정할 시간이 필요하다. 그러나 꽃마다 정도의 차이가 있다. 일반적인 경우보다 더 많은 시간 혹은 더 짧은 시간이 필요한 꽃을 간단히 훑어볼 수 있게 정리했다.

아네모네: 바로 준비 완료
잎: 바로 준비 완료
튤립: 4~6시간 물올림이 필요하고, 꽃이 완전히 피기까지 3~4일이 걸린다.
아마릴리스: 꽃이 피기까지 4~5일이 필요하다.
백합: 꽃이 완전히 피기까지 최대 7일이 걸릴 수 있다.

4단계: 꽃을 꽂은 후 정리하기

꽃이 준비되고 물이 깨끗하면 이제 남은 일은 꽃을 물에 넣는 것이다. 이 작업을 완료한 후에는 박테리아가 칼날에서 증식하지 않도록 사용했던 도구를 반드시 세척하자.

프로의 조언: 튤립 등 아래로 처지지 않게 지지대가 필요한 꽃은 물올림 과정 중에 똑바로 서 있을 수 있도록 원뿔 형태로 감싸야 한다.

프로의 조언: 수국과 라일락의 줄기는 망치로 두드린 후 젖은 종이 타올로 감싸면 수분을 유지할 수 있다.

꽃 손질하기

줄기가 긴 꽃이나 잎이 있다면 원뿔 형태를 만들어 재료를 감싸놓는 것이 좋다. 이렇게 하면 모양이 유지되고 아래로 처지지 않는다. 튤립이나 백묘국(위 사진) 등 고개를 떨구기 쉬운 꽃에 매우 유용한 방법이다. 수분을 더 주고 싶다면 원뿔 형태로 감싸기 전에 분무기를 사용해 재료에 물을 뿌린다.

정원에서 채취한 꽃을 손질하는 특별한 방법

정원에서 꽃을 채취하면 꽃이 금세 시들어버린다는 이야기를 종종 듣는다. 가정에서 키운 꽃을 일찍 시들게 만드는 요소가 몇 가지 있다. 다음의 단계를 따르면 대부분의 문제를 줄일 수 있으리라 생각한다.

1. 깨끗한 물을 사용한다: 정원은 박테리아로 가득하다. 정원에서 자른 꽃은 박테리아를 죽이고 수분을 공급하는 용액을 사용하면 큰 도움이 된다.

2. 아침 일찍 채취한다: 필요한 꽃은 꽃이 깨어나기 전 매우 이른 아침에 자른다. 그렇지 않으면 줄기가 죽임을 당했다고 생각할 것이다.

3. 일정 시간 동안 가만히 둔다: 꽃을 잘라 깨끗한 물속에 넣어 두었다면 꽃꽂이에 사용하기 전에 2~4시간 정도 수분을 흡수할 수 있게 그대로 둔다.

좋아하는 플로리스트에게 연락해 이 모든 작업을 해달라고 부탁하는 게 더 쉬워 보일 수 있다. 하지만 내 말을 믿어도 좋다. 이 과정에 익숙해지고 나면, 근처에 있는 꽃집에서 세일한다고 아무거나 살 필요 없이 원하는 꽃꽂이를 만들 수 있다.

꽃을 다루는 일은 자신에게 주어진 인생의 순간을 수용하는 것이다. 인생에서와 마찬가지로 꽃꽂이는 주어진 것을 어떻게 활용하느냐에 달려 있다. 아름다운 작약 꽃꽂이를 만들려고 계획했지만 근처 상점에 작약이 없다는 사실을 발견하게 될지도 모를 일이다. 시간을 들여 앞에서 살펴본 기술을 숙달하고 나면 배운 지식을 활용해 결단을 내리고 멋진 해결책을 찾을 수 있을 것이다. 미적 수준이 높고 아름다운 꽃꽂이를 만드는 것은 어떤 재료를 사용하는가에 달려 있는 것은 아니다. 이 책에 설명한 기술을 숙달하고 나면 어떤 종류의 꽃으로도 멋지게 만들어낼 수 있어야 한다. 기초만 탄탄하다면 어떤 재료를 고르든 상관없이 언제나 우아한 꽃꽂이를 완성할 수 있다. 꽃

꽃 손질하기

꽃을 구매하기 전에 계획을 세우는 것은 중요하지만, 계획을 변경할 상황에도 대비해야 한다. 원하는 꽃이 없거나 생각했던 것만큼 훌륭하지 않을 수도 있다. 이런 일이 생기면 심호흡을 한 번 하고 계획한 색상 스토리와 스타일에 잘 어울릴 만한 꽃으로 어떤 것이 있을지 살펴본다.

을 구매하기 시작하면 매우 다양한 종류의 꽃을 만나게 된다. 에레무루스를 장미와 조합하는 것은 어렵겠지만, 키가 큰 백합과 조합하는 것은 그렇지 않을 것이다. 장미와 양귀비, 아네모네는 서로 잘 어울릴 것이다. 집을 꾸밀 꽃을 구매할 때 다음에 나오는 삽화를 활용해 꽃 레시피를 정해보자. 꽃의 모양과 크기, 얼굴을 이해하는 가이드가 되어줄 것이다.

플라워 스쿨

1. 에레무루스 2. 양귀비 3. 장미 4. 아네모네 5. 백합

꽃 손질하기

1. 라넌큘러스   2. 난초   3. 수국   4. 프렌치 튤립   5. 카네이션   6. 꽃잔디

플라워 스쿨

1. 라일락　**2.** 아마릴리스　**3.** 칼라 릴리　**4.** 튤립　**5.** 델피니움

꽃 손질하기

1. 작약 2. 조팝나무 3. 달리아 4. 그린 트릭 카네이션 5. 투구꽃

6.
꽃꽂이 기술: 기본 스타일 만들기

꽃꽂이 기술: 기본 스타일 만들기

새로운 디자인을 계획하면 만들고 싶은 꽃꽂이의 스타일을 정하는 것이 첫 번째 단계다. 스타일(투박한, 모던, 정원 등)을 고르고 나면 필요한 꽃과 꽃병을 고르는 일이 훨씬 쉬워질 것이다. 어떤 스타일의 꽃꽂이를 만들 것인지 결정하기 전에 기본 스타일의 차이점부터 파악해야 한다(3장 참조).

여기서는 꽃꽂이 여정을 이끌어줄 몇 가지 기본 스타일 요소를 다룰 것이다. 이 내용이 플로리스트가 되기 위해 준비하는 과정에서 모호한 부분을 많이 걷어내주기를 바란다.

이어서 자세히 살펴보겠지만, 꽃꽂이 작업 순서는 다음과 같다.

1. 필요한 상황에 적합한 꽃꽂이의 색상과 스타일을 정한다. 색상과 스타일을 정할 때 사용할 꽃병도 고려해야 한다는 점을 잊지 말자.

2. 식료품점이나 뒷마당, 대자연에서 재료를 구한다.

3. 꽃을 손질한다. 꽃을 자르고, 다듬은 후, 사용할 준비가 될 때까지 적절한 온도의 물에 담가둔다.

4. 꽃병을 준비하고 계획한 꽃꽂이에 적절한 크기와 모양인지 확인한다.

5. 꽃을 배열하며 꽂는다.

6. 꽃꽂이를 새로 시작할 때마다 앞의 단계를 반복한다.

플라워 스쿨 뉴욕 캠퍼스의 한 학생이 루이스 밀러의 마스터 클래스 수업에서 새로운 꽃꽂이를 만들고 있다.

플라워 스쿨

다양한 종류의 꽃꽂이를 만들기 위한 기본 기술

앞 페이지에서 설명한 작업 순서 중에서 '5. 꽃을 배열하며 꽂는다'를 중심으로 살펴볼 것이다. 꽃묶음을 보고, 디자인을 떠올리고, 어렵지 않게 재창조하는 방법을 설명할 것이다. 한 가지 스타일을 정하고 작업하면 특정 꽃으로 작업해야 한다는 생각에서 자유로워지고 전체 디자인에 좀 더 집중할 수 있게 될 것이다. 꽃을 고르는 일에 관해서 내가 좋아하는 이야기가 있다. 위대한 크리스티앙 토투와 함께 꽃 시장에 꽃을 사러 갔던 일이다. 토투가 아주 비싼 수입 꽃을 가리키며 말했다. "나는 이게 좋아." 나는 답했다. "크리스티앙, 그건 너무 비싸." 그러자 토투가 말했다. "오케이, 그럼 이걸로." 토투는 다른 꽃을 골랐다. 토투가 '어떤' 꽃을 쓰는가보다는 가용한 꽃을 '어떻게' 쓰는가가 훨씬 더 의미 있다는 사실을 깨닫는 순간이었다.

스타일을 하나 고른 후 이 스타일을 만들기 위해 뒤에 나오는 기본 기술을 따라한다면 어떤 꽃을 고르든 상관없이 언제나 아름다운 꽃을 마주하게 될 것이다. 특정 꽃에 매이지 않고 스타일을 만드는 법을 아는 것이 핵심이다. 스타일은 색상과 꽃의 얼굴, 꽃의 크기에 관한 것이다. 구체적인 꽃 유형은 그다음이다. 다음에 백합(혹은 데이지나 델피니움)을 사러 갔는데 꽃이 없다면 이 개념을 떠올려보자. 어떤 스타일의 꽃꽂이를 만들고 싶은지 알고 나면, 막바지에 다다르더라도 필요하다면 재료를 바꿀 수 있는 여유가 생기게 된다. 이것을 마음에 새기고 여러 가지 디자인 스타일을 살펴보자.

라틀리에 루즈를 운영하는 마스터 플로리스트 타카야 사토가 플라워 스쿨 뉴욕 캠퍼스에서 강의를 하고 있다.

클래식 스프링 모던

봄을 떠올릴 때 가장 먼저 고민하는 것은 색상이다. 이 사례에서는 주요 색상으로 노랑을 사용하고 크림색을 더해 부드럽게 만들어줄 것이다. 색상 스토리를 정하고 나면 어떤 꽃병을 사용할지 정해야 한다. 여기서는 갈색 꽃병을 선택했다. 이 꽃병은 자연 그대로의 느낌이 나고 짙은 노란색 꽃을 강조해 투박하면서도 모던한 분위기를 만들어준다.

1. 먼저 꽃병을 고른다. 낡은 틴케이스(혹은 새로운 틴케이스)나 유리 용기, 자작나무 껍질로 둘러싼 꽃병 등 어느 것이든 좋다. 아무것도 없다면 단순한 갈색이나 크림색 꽃병도 괜찮을 것이다.

2. 꽃병을 고른 후에는 어떤 꽃을 사용하고 싶은지 정해야 한다. 봄의 산책로가 가장 연상되는 색상의 꽃을 정원에서 채취하거나 구매한다. 봄날 산책로에서 주로 어떤 꽃을 발견하는가? 보통은 밝은 색상의 수선화나 개나리를 볼 수 있다.

3. 꽃의 종류는 7~10종 정도, 종류별로 꽃대 3~5개를 준비한다.

4. 야생의 느낌을 내려면 꽃을 너무 빽빽하게 꽂지 않아야 한다. 자연은 꽃과 잎을 억지로 붙여놓지 않는다. 공간을 여유 있게 두되, 일체감이 흐트러지지 않도록 간격을 너무 띄우지는 않는다. 좀 더 모던한 스타일로 만들려면 꽃을 빽빽하게 꽂아 형태를 선명하게 잡아준다. 다음 사진은 모던 스타일로 만드는 모습이다.

꽃꽂이 기술: 기본 스타일 만들기

> **프로의 조언:** 어떤 꽃꽂이든 4등분해서 작업해야 한다. 꽃과 재료의 4분의 1을 꽂은 후 한 발짝 뒤로 물러나 꽃병을 45도 돌린다. 그런 후 다음 4분의 1을 꽂은 후 다시 한 발짝 뒤로 물러나 꽃병을 돌린다. 꽃을 전부 꽂을 때까지 돌리고 꽂는 작업을 계속한다.

1단계: 원통형 꽃병에 물을 채웠으면 꽃병에 꽂으려고 계획한 꽃 전부를 손으로 둘러 잡는다. 꽃꽂이의 너비가 어느 정도 되는지 시각화하는 데 도움이 될 것이다.

2단계: 계획한 꽃꽂이의 크기를 고려하면서 꽃병 위 양끝 지점에서 두 손의 간격을 넓혀가다가 적당하다고 느껴지는 지점에서 멈춘다. 이 지점이 꽃병과 조화를 이루는 비율이다. 이 거리는 꽃이 꽃병의 테두리에서 어디까지 뻗는지를 나타낸다.

3단계: 앞에서 언급했던 것처럼 처음부터 꽃을 한꺼번에 쑤셔 넣지 않는다. 꽃병의 가장자리를 두르며 꽃의 4분의 1을 꽂는다. 가장 섬세하고 가장 아름다운 꽃은 반드시 마지막에 꽂는다. 개나리나 야생의 나뭇가지 같은 재료를 사용할 때는 꽃기에 적절한 작은 크기로 분리한다. 크기가 커야 잘 어울리는 것 같아 보여도 나중에 보면 너무 커서 쉽게 조정하기 어려워진다.

4단계: 이 단계는 매우 중요하다. 꽃을 꽃병에 맞게 자를 차례다. 하지만 조심스럽게 잘라야 한다! 언제든 줄기를 더 짧게 자를 수는 있지만, 너무 짧게 자르면 되돌릴 수 없다. 여유를 갖고 조심스럽게 진행한다.

꽃꽂이 기술: 기본 스타일 만들기

5단계: 이제 초록색 재료의 4분의 1을 꽃을 차례다. 잎 재료는 어떤 것이든지 무대의 주인공이 될 꽃보다 약간 짧아야 한다. 여기서는 잎 재료로 개나리 가지를 사용한다. 이 단계를 마칠 때면 재료 전체의 절반이 꽃병에 꽂혀 있어야 한다. 한 발짝 뒤로 물러나 지금까지 작업한 것을 살펴본다. 균형이 잘 잡혀 있는가?

6단계: 천천히 나머지 꽃과 잎을 꽂는다. 잎 재료 2~3개 정도는 마지막 마무리를 위해 남겨둔다. 하나를 꽂은 후에는 꽃병을 조금 돌리고, 꽃이나 잎을 더한다. 꽃병을 계속해서 돌리면서 재료가 고르게 분배되었는지, 완성된 꽃꽂이가 대칭을 이루는지 확인한다. 너무 긴 줄기가 있다면 지금이 마지막으로 다듬을 시간이다. 항상 천천히 신중하게 자른다.

7단계: 기본 재료를 모두 꽂으면 이제 마지막 단계에 돌입한다. 다시 한 번 한 발 뒤로 물러서서 보조 재료와 색상이 어디에 꽂으면 어울릴지 확인한다.

8단계: 이제 다른 색상을 추가할 차례다. 여기서는 밝은 노란색을 부드럽게 만들고 꽃꽂이에 자연의 느낌을 주기 위해 초록색을 더한다. 그러나 노란색만 사용하기를 선호할 수도 있다. 디자인 선택에 대한 결정은 스스로 내리는 것이다.

꽃꽂이 기술: 기본 스타일 만들기

이제 노동의 결실을 즐길 차례다! 이 꽃꽂이는 사무실이나 홈오피스 책상 위에 올려두기에 완벽하다. 입구 복도에 있는 테이블 위에 센터피스로 두어도 아름다울 것이다. 아니면 친구나 사랑하는 연인에게 선물로 주면 더욱 좋지 않을까?

꽃꽂이 기술: 기본 스타일 만들기

잉그리드 카로치: 꽃꽂이를 배우던 학생에서 마스터가 되기까지

잉그리드 카로치는 현재 활동 중인 촉망받는 플로리스트이자 자신의 힘으로 마스터 플로리스트가 된 플라워 스쿨의 동문이다. 카로치는 뉴욕 브루클린에 있는 틴 캔 스튜디오의 오너다. 최고 수준의 플라워 디자인 서비스를 제공하고 페이스북, LVMH, 뉴 뮤지엄 등의 주요 기관과 협업하며, 『Brooklyn Flowers』와 『Handpicked』의 저자이기도 하다.

    카로치는 재활용하거나 재사용한 꽃병을 아름다운 꽃과 조합한 꽃꽂이로 옛 것과 새 것의 병치를 세련되게 만들어내는 것으로 널리 알려졌다. 다행히 카로치가 바쁜 스케줄에도 시간을 내어 자신의 작업 과정에 대해 알려주었다. 다음에 나오는 아름다운 꽃꽂이를 한 번이라도 보고 나면 누구나 나처럼 카로치의 팬이 될 것이라고 확신한다.

자신만의 독특한 스타일을 만들어주는 것은 무엇인가?

적합한 재료를 찾는 것이다. 세계 어디에 있든지 일반적인 범주를 넘어서는 무언가, 그리고 자신의 꽃꽂이를 평범한 것에서 비범한 것으로 바꾸어줄 무언가를 찾아볼 수 있다. 이국적인 식재료를 찾는 요리사와 비슷하다. 두세 가지 재미난 재료를 찾아 작업에 반영하면 완성된 작품의 수준을 한층 더 올려줄 수 있다.

색상은 어떻게 접근하는가?

색상 트렌드를 주의 깊게 살펴보는 편이다. 그러면 꽃꽂이가 지나치게 요란해지지 않고 요즘의 느낌을 유지할 수 있다.

훌륭한 플로리스트가 되려면 무엇이 필요한가?

훌륭한 플로리스트는 진정으로 부지런한 사람이다. 꽃을 손질하고 다루는 법을 알아야 하고, 겸손하고 기꺼이 요구사항을 받아들이는 태도를 갖추어야 한다. 질문하는 것을 두려워하지 말고 사람들이 기대하는 것이 무엇인지 파악하자.

플라워 스쿨

훌륭한 디자이너가 되려면 무엇이 필요한가?

    미술을 전공했다면 시작이 훌륭하다. 학교에 가지 않고도 훌륭한 디자이너가 될 수 있지만, 색상이나 형태, 질감에 대한 안목을 갖추고 있어야 한다. 또한 고객과 함께 일할 수 있어야 한다. 디자이너는 메시지를 꽃으로 바꾸어 전하는 것이다. 메시지를 전달하는 것, 그것이 디자이너의 일이다. 어떤 기업의 브랜드와 함께 작업할 때는 꽃을 통해 그 브랜드에서 원하는 메시지를 전달하는 것이 특별히 중요하다. 협업 상대나 고객이 누구든 그들의 목표를 반드시 파악해야 한다. 분명한 목표 없이 꽃꽂이를 만들기는 매우 어렵다.

이제 막 시작한 플로리스트에게 어떤 조언을 주고 싶은가?

    처음 시작한다면, 세상에 어떤 것들이 있는지 살펴보자! 나는 시장에 가서 눈에 띄는 꽃 한 송이를 발견하고, 그 한 송이 꽃을 중심으로 다른 것들을 배열한다. 주의를 기울이면 언제나 자신에게 특히 눈에 띄는 것이 보인다. 특별한 순간을 위해 무언가를 만든다면 계절 요소를 반영하고 싶을 것이다. 꽃꽂이가 무엇을 위한 것인지, 자신의 목표가 무엇인지에 모든 것이 달려 있다.

꽃꽂이 기술: 기본 스타일 만들기

잉그리드 카로치와 함께하는 컴포트형 꽃병 꽃꽂이 수업

뉴욕의 어느 날 오후 카로치가 플라워 스쿨 스튜디오에 들러 꽃꽂이의 기술에 대해 수업을 해주었다. 카로치는 이 수업에서 컴포트형 꽃병을 골랐고, 꽃을 제자리에 고정하기 위해 치킨 망이 필요했다. 카로치는 꽃병을 준비하고 손질한 꽃을 바로 옆에 두어 자신의 예술적 작업 과정을 보여줄 준비를 마쳤다.

먼저 재료의 4분의 1을 꽃병에 꽂으면서 꽃병의 가장자리를 둘러가며 경계선을 만든다. 그런 후 줄기가 기다란 장미를 꽂으며 전체적인 형태를 만들어 커다란 디자인에 생명력을 불어넣는다.

다음으로 가운데 부분을 만든다. 컴포트형 꽃병에 꽃을 꽂으면서 높이를 고려한다. 키 큰 꽃이 바깥쪽으로 길게 뻗도록 하고, 키가 매우 작은 꽃으로는 공간을 채운다.

균형감을 위해 잎 재료를 약간 더해줄 차례다. 앞에서 이야기했듯 잎 재료는 꽃꽂이의 훌륭한 핵심 요소다. 어떤 색상을 사용할지 잘 모르겠다면 초록색을 고려해보자!

꽃꽂이 기술: 기본 스타일 만들기

꽃병에 재료를 어느 정도 채우고 나면 잠시 중단하고 꽃이 꽃병 옆으로 얼마나 뻗어나갔는지 확인한다. 지금이 꽃꽂이의 높이와 비율을 적절하게 조정하기 좋은 때다.

카로치의 꽃꽂이를 좀 더 정교하게 보여주는 근접 사진이다. 카로치가 줄기를 매만져 꽃을 다듬는 모습에 주목하고, 각 꽃에 여유 공간을 두어 띄워놓은 것을 살펴보자. 또 카로치는 다른 결의 질감과 색감을 더하고 새로운 느낌을 주기 위해 베리 같은 독특한 재료를 조합한다.

잠시 멈추고 현재 상태를 확인한다. 늘 그렇듯 지금이 꽃꽂이의 비율과 재료의 분포, 색상을 점검할 시간이다. 모든 것이 균형이 잘 맞는다면 마지막 단계로 진행한다.

마지막으로 남겨둔 꽃과 잎 재료를 꽃꽂이의 윗부분에 더할 차례다.

카로치는 자신에게 꽃꽂이 작업은 패션과 매우 닮았다고 덧붙였다. 자신의 감성과 스타일에 잘 어울리는 두세 가지 매우 고급스러운 의상을 갖추고 있는 것이 중요하다. 그 외에 다른 옷은 그 의상을 강조해주기만 하면 된다. 독특한 색상의 특별한 꽃, 혹은 구하기 어려운 꽃을 하나 골랐다면, 나머지는 그 꽃과 색상을 보조해주는 역할을 해야 한다.

모던 스타일

모던 디자인이라고 하면 첫 번째 떠오르는 것은 프랭크 로이드 라이트가 디자인한 뉴욕 구겐하임 미술관이다. 구겐하임 미술관은 깔끔하고 미니멀한 선과 한 가지 색상만으로 되어 있고, 건물의 모든 부분이 정해진 용도에 따라 사용된다. 모던 스타일이라고 하면 또 떠오르는 것이 화가 마크 로스코나 조각가 이사무 노구치의 작품이다. 이 예술가들은 유기적이고 인간적인 형태를 가장 단순한 방법으로 구현했다. 이것이 꽃꽂이의 모던 스타일에서 추구하는 디자인이다. 단순함으로 드러내는 아름다움이다.

1. 모던 스타일은 한 가지 색상, 한 가지 모양, 혹은 한 가지 종류의 꽃만 사용해서 만들어낼 수 있다. 선택한 색상들이 서로 잘 어우러지면 이상적이다.

2. 재료를 정하고 난 후 다음 단계는 모양을 생각하는 것이다. 모던 스타일에서 가장 흔히 볼 수 있는 모양은 반구형이다. 반구형은 탁자나 조리대, 식탁의 센터피스로 더할 나위 없다. 모던 스타일의 꽃꽂이는 꽃줄기의 길이가 꽃병 높이와 같은 1:1 비율이 가장 좋다. 규모가 큰 재료를 활용해 탄탄한 느낌을 주는 꽃꽂이를 만들고 싶다면 입구가 좁고 키가 매우 큰 꽃병을 시도해보자(92쪽 참조).

3. 플라워 디자인 업계에서 이 디자인은 꽃의 종류나 양이 많이 필요하지 않기 때문에 빠르게 만들 수 있어 '러시'로 불리기도 한다.

꽃꽂이 기술: 기본 스타일 만들기

1단계: 모던 꽃꽂이를 위해 작업 색상을 분홍색 한 가지로 정했고, 모던 미학의 고전인 반구형을 선택했다. 먼저 장미 네 송이를 각각 정육면체형 꽃병의 모서리에 꽂는다. 줄기의 끝이 반대편 바닥 모서리에 닿아야 한다.

2단계: 꽃 네 송이를 꽂고 꽃병 모서리에서 보이는 꽃의 길이가 적당하도록 다듬은 후 꽃을 더 꽂는다. 모던 꽃꽂이는 일반적으로 한 가지 종류의 꽃만 사용하기 때문에 이 예시에서도 장미를 더 꽂는다.

3단계: 장미를 더 꽂으면서 꽃병의 정사각형 가장자리 바깥쪽으로 둥근 형태의 테두리를 만든다. 이 부분이 반구형의 토대가 될 것이다.

4단계: 반구의 토대를 만들고 나면 뒤로 물러서서 지금까지 한 것을 점검한다. 꽃이 꽃병의 가장자리에서 너무 멀리 떨어져 있지는 않은가? 만약 그렇다면 줄기를 조금 다듬는다.

꽃꽂이 기술: 기본 스타일 만들기

5단계: 지금까지 한 작업이 마음에 든다면 꽃꽂이를 채워 넣을 차례다. 바깥쪽 가장자리부터 중심부까지 천천히 꽃을 꽂아 나간다. 꽃은 조금씩 자르고 줄기만 잡아야 한다는 사실을 기억하고, 꽃을 새로 꽂을 때마다 다른 꽃에 상처를 주지 않도록 주의한다.

6단계: 반구를 완성하려면 중심부로 갈수록 꽃을 점점 더 짧게 만들어야 한다. 그렇게 하지 않으면 절대 반구형이 이루어지지 않는다. 중요한 단계이니 천천히 작업하고 필요한 길이를 절대적으로 확신할 때만 줄기를 자른다. 확신이 들지 않으면 줄기를 자르기 전에 꽃병 옆에 세워 가늠해 본다.

7단계: 계속해서 반구형을 만들면서 줄기가 단단하게 엮여 서로서로 고정해줄 수 있도록 꽃병에 꽃을 풍성하게 꽂아야 한다. 이때 꽃병 바닥이 줄기를 단단하게 받쳐주어야 고정이 더 잘되기 때문에 줄기를 너무 짧게 자르지 않는 것이 중요하다.

8단계: 한 발 뒤로 물러서서 마지막으로 꽃꽂이를 살펴볼 차례다. 비어 있는 공간이 있는가? 꽃의 높이가 모두 적절한가? 다듬을 부분이 있다면 지금이 마지막 기회다.

꽃꽂이 기술: 기본 스타일 만들기

정원 컴포트 스타일

교토 외곽의 이끼 정원에서 베르사유 궁전의 정원에 이르기까지 정원의 종류와 유형은 매우 다양하기 때문에 '정원 스타일'이라는 용어는 모호할 수 있다. 컨템퍼러리 플라워 디자인에서 정원 스타일 혹은 정원 디자인의 개념은 고급스러운 꽃과 잡초가 무성하게 자란 격식 있는 정원과 가장 가깝다. 정돈되지 않고 무성한 느낌의 멋과 눈길을 끄는 유기적인 형태가 조합되어 지난 날의 기억과 향수를 불러일으키는 스타일이다. 정원 스타일의 꽃꽂이는 꽃과 잎이 사방으로 뻗어 무성하게 자란 정원의 모습을 닮아야 한다. 거칠고 다듬어지지 않은 느낌이 나야 한다. 다음 단계를 따라가보자.

1. 정원 스타일에서는 적합한 꽃병을 고르는 것이 무엇보다 가장 중요하다. 정돈되지 않은 느낌의 멋을 떠올린다면 단순한 유리 원통형 꽃병이나 너무 새 것 같아 보이는 것은 사용하기 어렵다. 이끼로 뒤덮인 테라코타 꽃병이나 머큐리 유리 컴포트면 쉽게 스타일을 낼 수 있다. (수은은 독성이 있으니 다른 재질로 만든 모조 머큐리 꽃병을 사용하기를 권한다.)

2. 다른 형태의 잎 재료 네다섯 가지를 고른다(1단계 사진 참조). 무성하게 자란 이끼와 회양목으로 뒤덮인 정원을 떠올려보자. 세련된 잎 재료보다는 실제 잡초를 사용하는 것이 낫다.

3. 기본 꽃을 왕궁의 정원에 어울리는 고급 꽃과 조합한다. 업계에서는 수입 정원 장미나 아네모네, 클레마티스가 인기 있다. 적어도 일곱 종류의 꽃이 필요할 것이다. 고급 꽃 3종과 전반적인 디자인을 보조해줄 꽃 4종을 추천한다.

4. 가장자리에 집중해 꽃꽂이를 시작해야 한다. 꽃병에 따라 치킨 망이나 격자 테이프(2, 3단계 사진 참조)를 활용하면 편리하다. 이 꽃꽂이를 만들 때는 무성하게 자란 느낌을 낼 수 있도록 꽃이 꽃병에서 흘러넘쳐야 한다는 사실을 염두에 두자(4~6단계 사진 참조).

꽃꽂이 기술: 기본 스타일 만들기

> **프로의 조언**: 주인공 꽃은 마지막에 꽂는다(마지막 사진 참조).

1단계: 늘 그렇듯 첫 번째 단계는 꽃병 양쪽에 두 손을 올려 완성된 꽃꽂이의 너비를 가늠해 머릿속에 그려보는 것이다. 사진에 나타난 것처럼 꽃꽂이를 하기 위해 골라놓은 꽃을 색상 스토리에 따라 배열하는 것도 도움이 될 수 있다.

2단계: 컴포트 꽃꽂이는 꽃을 고정하기 위해 대부분 어떤 형태로든 장치가 필요하다. 여기서는 치킨 망을 꽃병의 크기에 맞게 잘라서 사용했다.

3단계: 치킨 망을 잘라 꽃병에 넣은 후 꽃 테이프를 사용해 치킨 망을 고정한다. 꽃 한두 대를 꽂아보고 꽃이 빠져나오지 않는지 확인한다.

4단계: 이제 꽃을 꽂을 차례다. 앞에서 언급했던 것처럼 꽃의 4분의 1을 꽃병 가장자리를 따라 꽂는다. 이렇게 하면 꽃꽂이의 크기가 어느 정도 되는지 가늠해볼 수 있다. 준비한 재료의 양도 함께 확인한다.

5단계: 초록색 재료의 4분의 1을 꽂는다. 잎은 주인공인 꽃보다 약간 더 짧아야 한다.

꽃꽂이 기술: 기본 스타일 만들기

6단계: 남은 꽃을 꽃병의 가장자리를 따라 둥근 모양으로 꽂는다. 꽃을 하나 꽂은 후 꽃병을 돌린다. 그다음 꽃을 반대편에 꽂고 돌린다. 가장자리가 완전히 채워질 때까지 이 작업을 반복한다. 마지막으로 꽃꽂이 위쪽으로 남아 있는 잎 재료를 꽂는다.

컨템퍼러리 수직형 스타일

이 스타일은 모던 스타일과 혼동되기도 하지만 조금만 더 살펴보면 두 스타일에 공통점이 별로 없다. 컨템퍼러리 스타일은 모양으로 보면 모든 종류의 꽃과 잎을 조합해 거친 느낌이 날 수 있다. 보통 13×13 크기의 기본 꽃병에는 꽂지 않는다(꽃병에 대해서는 4장 참조). 이 스타일은 예술에 좀 더 가깝다. 고전적인 항아리 꽃병에 꽂혀 있는 꽃보다 설치 예술 작품을 떠올려보자. 컨템퍼러리 꽃꽂이 중에는 간혹 꽃은 하나도 없고 조각 작품의 형태로 막대기 여러 개를 예술적으로 꽂아놓는 경우도 있다.

1. 실용적인 측면에서 컨템퍼러리 스타일은 재미있는 꽃꽂이 방법이며, 예상하지 못한 아름다운 결과를 가져오기도 한다. 이 디자인은 한쪽 면에서 보도록 디자인하기 때문에 사진으로 남기기에 가장 좋다.

2. 꽃을 꽂는다. 꽃을 하나 꽂을 때마다 꽃병을 90도 정도 돌리고 가장자리 바깥쪽을 반드시 채운다(5, 6단계 사진 참조).

3. 여기서 선택한 키가 크고 브이형의 금색 꽃병처럼 적절히 시선을 집중시키는 꽃병을 고른다. 컨템퍼러리하고 아방가르드한 꽃꽂이는 눈에 띄는 편이고, 낮은 꽃병은 좀 더 기본에 가깝다.

1단계: 지금까지 어느 형태의 꽃꽂이든 첫 번째 단계는 양손을 꽃병 양 끝에 두고 꽃꽂이가 얼마나 큰지 가늠하는 것이었다. 이 경우에는 꽃대를 몇 대 꽂아서 완성된 디자인의 너비가 어느 정도 될지 조금 더 구체적으로 시각화해봤다.

꽃꽂이 기술: 기본 스타일 만들기

2단계: 꽃병 가장자리를 따라 꽃의 4분의 1을 꽂고, 그다음에는 4분의 1만큼의 잎 재료를 꽂는다.

3단계: 여기서는 두 가지 종류의 잎 재료를 사용하는데, 한 번에 하나씩 꽂고 있다.

4단계: 잎 재료를 어느 정도 꽂았으니 다시 꽃으로 돌아갈 차례다. 한 번에 꽃을 하나씩 꽂고 다음 꽃을 꽂기 전에 꽃병을 살짝 돌린다. 꽃병이 완전히 가득 찰 때까지 이 과정을 반복한다.

5단계: 이제 남은 잎 재료를 활용해 비어 있는 공간이 없도록 꽃꽂이 윗부분을 채울 것이다.

6단계: 마지막으로 점검하고 마무리할 기회가 한 번 더 있다. 언제나 마지막에 꽃꽂이를 살펴보자. 꽃꽂이의 마지막 단계에서는 특별한 요소나 초기에 사용하기에는 매우 섬세한 재료를 꽂는다. 여기서는 풀을 꽂고 있다.

꽃꽂이 기술: 기본 스타일 만들기

클래식 컨템퍼러리 스타일

클래식한 꽃꽂이라고 하면 어떤 것이 떠오르는가? 이 책을 쓰기 위해 조사를 하면서 클래식 스타일의 업계 표준을 정의해보려고 했으나 혼란스러운 결과만을 얻었다. 사람들마다 '클래식'의 의미에 대해 서로 다른 생각을 갖고 있는 것 같다. 클래식 스타일로 여겨지려면 꽃꽂이는 비율과 규모, 조화, 율동감, 통일성, 강조 등 대략적인 디자인 원칙에 집중해야 한다.

1. 늘 그렇듯 먼저 꽃병을 고른다. 어떤 재료를 선택하든 상관없이 꽃병과 대강 같은 크기로 꽃이나 잎 재료와 1:1 비율을 만든다. 여기서는 13×13센티미터 원통형 꽃병을 사용할 것이다. 이것이 클래식한 것이다.

2. 클래식 꽃꽂이는 세월이 흘러도 변치 않는 꽃이나 오늘날에도 계속 사용되는 인기 있는 품종과 절화에 적합하다. 장미와 수국, 백합, 카네이션, 그리고 얼굴이 평평한 다른 종류의 꽃을 떠올려보자.

3. 이 꽃꽂이를 만들 때는 바깥쪽 가장자리부터 시작해 중심으로 이동하는 기초 작업 원칙을 지켜야 한다. 여기서는 장미와 그린 트릭 카네이션으로 만들기로 정했다.

꽃꽂이 기술: 기본 스타일 만들기

1단계: 클래식 꽃꽂이를 만들 색상으로 초록색 한 가지를 골랐다. 사진에서 볼 수 있듯 꽃꽂이 크기가 얼마나 될지 가늠하기 위해 재료를 전부 한 손에 모았다. 한 손에 쥘 수 있는 재료의 양은 보통 완성된 꽃꽂이의 크기와 일치한다.

2단계: 이제 꽃을 꽂을 차례다. 늘 그렇듯 먼저 꽃의 4분의 1을 꽂는다. 시계방향으로 돌리며 작업하고 꽃이 고르게 배분되도록 한다.

3단계: 다음에는 보조 재료를 꽂는다. 이번에도 재료를 꽂을 때마다 꽃병을 시계방향으로 돌리며 작업한다. 작업하는 동안 비율을 면밀하게 살핀다. 모든 재료가 꽃병 전체에 고르게 분포되어 있는가?

4단계: 이제 마지막 재료를 꽃꽂이 윗부분에 꽂는다. 중심부와 위쪽이 꽃병 측면만큼 가득 차 있는지 확인한다.

5단계: 이 단계쯤이면 아름다운 클래식 꽃꽂이가 완성되어 있을 것이다. 조금 더 응용해보고 싶다면 보색을 더한다. 여기서는 색상과 질감에 깊이를 주기 위해 흰색 계열의 꽃을 더했다.

꽃꽂이 기술: 기본 스타일 만들기

1단계: 클래식 꽃꽂이를 만들 색상으로 초록색 한 가지를 골랐다. 사진에서 볼 수 있듯 꽃꽂이 크기가 얼마나 될지 가늠하기 위해 재료를 전부 한 손에 모았다. 한 손에 쥘 수 있는 재료의 양은 보통 완성된 꽃꽂이의 크기와 일치한다.

2단계: 이제 꽃을 꽂을 차례다. 늘 그렇듯 먼저 꽃의 4분의 1을 꽂는다. 시계방향으로 돌리며 작업하고 꽃이 고르게 배분되도록 한다.

3단계: 다음에는 보조 재료를 꽂는다. 이번에도 재료를 꽂을 때마다 꽃병을 시계방향으로 돌리며 작업한다. 작업하는 동안 비율을 면밀하게 살핀다. 모든 재료가 꽃병 전체에 고르게 분포되어 있는가?

4단계: 이제 마지막 재료를 꽃꽂이 윗부분에 꽂는다. 중심부와 위쪽이 꽃병 측면만큼 가득 차 있는지 확인한다.

5단계: 이 단계쯤이면 아름다운 클래식 꽃꽂이가 완성되어 있을 것이다. 조금 더 응용해보고 싶다면 보색을 더한다. 여기서는 색상과 질감에 깊이를 주기 위해 흰색 계열의 꽃을 더했다.

꽃꽂이 기술: 기본 스타일 만들기

6단계: 꽃병을 돌려가면서 꽃꽂이의 윗부분과 옆쪽에 흰색 꽃을 군데군데 꽂는다. 이때 꽃을 고르게 배분한다. 이제 사진에서 볼 수 있듯 흰색으로 보색의 느낌을 살짝 가미한 멋진 클래식 꽃꽂이가 완성되었다.

야생 오가닉 스타일

이 스타일은 잎 재료 다섯 가지와 꽃 열둘에서 열여섯 가지 등 매우 다양한 종류의 꽃을 사용해 놀라운 결과물을 만들어낸다.

1. 이름에서 알 수 있듯이 이 스타일의 꽃꽂이는 이성적인 범위 안에서 창의력을 발휘하기에 이상적인 형태다. 자유롭게 갖고 있는 재료를 무엇이든 써볼 수 있는 기회다. 재료를 골랐다면 어느 형태로든 원하는 대로 만들 수 있다!

2. 흔하지 않은 꽃병을 사용하기 좋은 기회다. 여기서는 얕은 직사각형 형태의 꽃병을 골랐지만 풍성하게 만들 만한 공간만 충분하다면 어떤 형태든 사용할 수 있다. 특이한 꽃병을 사용할 때는 먼저 물을 담을 수 있는지 확인해봐야 한다. 꽃꽂이를 완성하고 나서 물이 샌다는 사실을 발견하면 그보다 더 최악은 없다.

3. 이 꽃꽂이에서 가장 중요한 법칙은 '차고 넘침'이다. '야생'이라는 명칭에서도 볼 수 있다. 꽃꽂이를 바라보는 사람에게 풍부하고 무성한 느낌을 주어야 한다. 그래서 꽃과 잎을 많이 쌓아올린다. 형태에는 크게 신경 쓰지 않도록 한다. 그 대신 재료가 모든 것을 표현할 수 있게 한다.

1단계: 이 꽃꽂이에서 꽃병을 채울 다양한 재료를 모두 고정하기 위해 장치가 필요한 비교적 얕은 꽃병을 선택했다. 그래서 방수 테이프와 치킨 망을 약간 사용해야 한다. 이 도구는 모든 재료를 세우고 고정시키는 데 도움이 된다.

꽃꽂이 기술: 기본 스타일 만들기

2단계: 집에서 키우는 화초에서 잘라낸 재료를 활용하면 언제나 흥미로워진다. 여기서는 실내 야자와 칼라데아 잎을 사용한다.

3단계: 방법은 간단하다. 꽃병 바닥에 직사각형 덩어리 형태의 치킨 망을 채우고 테이프로 고정한다. 꽃을 꽂은 후에는 테이프나 아래쪽에 숨어 있는 치킨 망이 보이지 않을 것이다.

4단계: 이제 꽃꽂이를 만들 차례다. 이번에는 초록색과 흰색, 크림색을 조합하기로 했다. 먼저 여러 가지 형태의 잎 재료를 활용해 꽃병 바깥쪽을 두르는 구조를 만든다. 이렇게 만들면 다음에 꽃을 섬세한 꽃을 잡아주는 데 도움이 될 것이다.

5단계: 기초 구조가 자리를 잡고 나면 섬세한 재료를 꽂기 시작한다. 가장자리 주변과 보이는 위치 곳곳에 꽃을 꽂는다. 이렇게 하면 잎 재료의 초록과 희고 선명한 섬세한 꽃에서 대비의 균형을 만들어낼 수 있다.

꽃꽂이 기술: 기본 스타일 만들기

응용하기

이제 꽃꽂이의 기본 스타일이 무엇인지 어느 정도 익혔으니 응용할 만한 과제를 하나 주겠다. 앞에서 살펴본 여러 스타일은 꽃꽂이를 만들 때 구체적인 목표를 두고 생각과 재료를 정리할 수 있게 도와주는 기본 뼈대가 되어 유용하다. 그러나 이 스타일은 참고할 만한 자료로만 생각하자. 두 가지 스타일을 조합하면 놀라운 결과를 얻을 수 있으니 너무 얽매이지 않도록 한다.

이어서 나오는 단계와 프로의 조언은 필요하다면 모든 종류의 꽃꽂이에 적용한다.

1단계: 시작할 때는 줄기를 너무 짧게 자르지 않도록 주의한다. 특히 정원 스타일의 꽃꽂이를 할 때는 재료가 길어서 흔들거려도 그대로 둔다.

2단계: 꽃을 자른 후, 꽃과 잎 재료 전체의 4분의 1을 꽃병에 꽂는다. 하나를 꽂을 때마다 꽃병을 돌린다. 한쪽에 너무 몰아서 꽂지 않는다. 그렇게 하면 꽃꽂이가 지저분하고 계획성이 없어 보인다. 계획적이지 않은 자연은 잘못되었거나 버려진 것처럼 보인다.

3단계: 주인공 꽃, 즉 가장 눈에 띄게 보여주고 싶은 꽃이나 특별히 섬세한 꽃은 반드시 마지막에 꽂는다. 꽃의 4분의 1을 꽂은 후에는 한 발 뒤로 물러서서 살펴본다. 스스로 질문한다. 줄기가 너무 짧거나 너무 긴가? 여기서 답은 "너무 길다"가 되어야 한다.

4단계: 재료 중 다음 4분의 1을 꽂고 뒤로 물러서서 살펴본다. 다시 한번 줄기가 너무 짧거나 길지 않은지 묻는다.

5단계: 마지막으로 절반 정도 남은 나머지 재료를 꽂는다. 가장 섬세한 꽃과 눈에 띄게 보여주고 싶은 꽃도 포함된다. 너무 긴 줄기는 길이를 다듬는다.

꽃꽂이 기술: 기본 스타일 만들기

꽃꽂이의 기본을 익히고 나면 단순하고 우아한 꽃꽂이나 야생의 정원 느낌이 나는 꽃꽂이를 만들 수 있다. 가능성은 무한하다!

> **프로의 조언:** 꽃을 꽃병에 꽂을 때는 줄기를 잡아야 하고, 꽂으려고 꽃에 힘을 가하지 않도록 한다. 꽃에 손을 대고 난 후 아무런 손상을 입지 않은 것처럼 보여도, 몇 시간이 지나고 뭉개지기도 한다.
>
> **프로의 조언:** 조금씩 채취해서 사용하기 좋은 양치식물과 실내 화초를 키우자. 꽃꽂이는 약간 다른 무언가가 필요할 때가 있는데 주변에 쓸 만한 것이 있다면 멀리서 찾지 않아도 될 것이다.

꽃꽂이 기술: 기본 스타일 만들기

꽃꽂이의 기본을 익히고 나면 단순하고 우아한 꽃꽂이나 야생의 정원 느낌이 나는 꽃꽂이를 만들 수 있다. 가능성은 무한하다!

프로의 조언: 꽃을 꽃병에 꽂을 때는 줄기를 잡아야 하고, 꽂으려고 꽃에 힘을 가하지 않도록 한다. 꽃에 손을 대고 난 후 아무런 손상을 입지 않은 것처럼 보여도, 몇 시간이 지나고 뭉개지기도 한다.

프로의 조언: 조금씩 채취해서 사용하기 좋은 양치식물과 실내 화초를 키우자. 꽃꽂이는 약간 다른 무언가가 필요할 때가 있는데 주변에 쓸 만한 것이 있다면 멀리서 찾지 않아도 될 것이다.

마무리하며

훌륭한 플로리스트가 된다는 것은 여러 가지 의미가 있다. 그러나 꽃은 누구나 사랑할 수 있다. 꽃꽂이에는 옳고 그름이 없다. 완벽한 꽃꽂이도 흠이 있는 꽃꽂이도 없으며, 성공과 실패로 나누지도 않는다. 꽃꽂이의 모습이 마음에 들고 그 모습에서 기쁨을 얻는다면 그것이 완벽한 것이다. 이 책에는 가정에서 꽃꽂이하는 사람들에게 도움을 주고 플라워 업계에 대해 잘 알려지지 않은 측면을 자세히 알려주는 조언으로 가득 채웠다. 또한 이 책은 꽃의 세계로 이끄는 철학 가이드의 일종이기도 하다. 기쁜 마음으로 꽃꽂이를 하기만 한다면, 마음에 들지 않는 완성작을 만날 일은 없을 것이다.

편집자들에게 이 책을 써달라는 제안을 받았을 때 처음에는 잔뜩 신이 났다. 플라워 스쿨의 철학을 아직 뉴욕이나 로스앤젤레스 캠퍼스에 와 보지 못한 독자들에게 전할 수 있다는 생각에 기뻤다. 그러나 종이에 몇 자 적기 시작하면서 즐거운 마음은 사그라들었고, 부담감에 휩싸였다. 색상을 선택하고, 꽃을 고르고, 각각의 꽃을 꽃병에 꽂는 방법을 파악하는 등 오랜 시간에 걸쳐 숙달한 기술에는 세부적인 내용이 너무 많다. 이 모든 내용을 어떻게 설명할 수 있을까? 답은 "불가능하다"였다. 꽃꽂이는 대자연의 섭리를 받아들이는 과정이다. 자연에는 수많은 변수가 있고, 나는 이를 단 몇 백 쪽에 다루어야 했다. 그래서 꽃꽂이하는 사람들을 위해 현실 세계에 맞지 않게 정확한 숫자와 레시피로 구성된 요리책을 만들기보다는 꽃꽂이 작업을 철학적으로 살펴보는 쪽을 택했다.

같은 꽃을 두 번 보는 일은 절대 없으니 꿈꾸던 꽃에 집중하기보다는 열린 마음으로 꽃꽂이를 대하기를 바란다. 그런 후 어떤 일이 생기는지 살펴보자. 작약과 라일락으로 꽃꽂이를 만들기 시작했는데, 작약이 별로 좋지 않아 보인다면 라일락을 앞쪽으로 옮기고 작약을 뒤로 숨긴다. 라일락이 별로 좋지 않아 보이는데 작약이 눈부시다면 작

마무리하며

약을 위쪽에 꽂는다. 결정을 내리면 실행에 옮기고 나머지는 꽃에게 맡긴다.

꽃을 다루는 일은 자신을 자연의 시 형태로 표현하는 것과 같다. 색상을 고르고, 스타일을 정하고, 꽃병을 선택하는 일이 모두 꽃꽂이의 결과에 영향을 미친다. 이렇게 결정을 내리는 일이 때로는 엄청나게 힘들게 느껴지기도 한다. 그러나 지나치게 많이 생각하지 말자. 꽃꽂이를 만드는 일은 샐러드를 만드는 것과 비슷하다. 호두가 필요한데 호두가 없다면 다른 견과류를 사용하면 된다. 새롭게 넣은 캐슈넛을 좋아하게 될 수도 있다! 이 책에서 한 가지만 얻어갔으면 하는 것이 있다면 이것이다. "즐겁게 작업하고 많이 실험하라."

지은이

캘버트 크레리 플라워 스쿨 뉴욕 캠퍼스와 로스앤젤레스 캠퍼스의 이사다. 패션·편집 사진가로 일하다가 플로리스트가 되었고, 이후 꽃을 다루는 사업가가 되어 뉴욕에 꽃집을 세 개 열고 성공적으로 운영했다. 크레리는 많은 학생들을 가르치고 훈련시켜 꽃집을 열 수 있게 도왔고, 기존의 꽃 사업을 번창하는 직업으로 변화시켰다.

옮긴이

강예진 연세대학교에서 신문방송학을 공부하고 기업에서 마케팅과 홍보 업무를 했다. 미국 카네기멜론대학교에서 예술경영 석사 과정을 이수하며 미국 피츠버그 시청의 공공미술팀에서 일했고, 이후 기업에서 디자인전략 매니저로 근무했다. 글밥아카데미를 수료하고 현재 바른번역 소속 번역가로 활동하고 있다. 역서로는 『뉴요커처럼 당당하고 똑소리 나게 사는 법』, 『다크사이드』, 『디자인 씽킹 플레이북』, 『마케터의 질문』, 『해빗 스태킹』 등이 있다.